뭐가 좋은지 몰라 다 해보기로 했습니다

뭐가 좋은지 몰라 다 해보기로 했습니다
초판 1쇄 발행 2025년 8월 25일

지은이 : 장성원
발행인 : 박요철
편집장 : 박요철
편집 : 정은진
디자인 : 안은정

펴낸 곳 : 비버북스
출판신고 : 2024년 8월 14일 제 2024-000104호
주소 : 경기도 성남시 분당구 서현로478번길 7
문의 : hiclean@gmail.com
ISBN : 979-11-988900-7-8(03810)
값 15,900원

이 도서의 국립중앙도서관 출판예정도서목록(CIP)은 서지정보유통지원시스템 홈페이지(scoji.nlgo .kr)와 국가자료공동목록시스템(www.nlgo.kr/kolisnet)에서 이용하실 수 있습니다.

뭐가 좋은지 몰라 다 해보기로 했습니다

목차

프롤로그

프롤로그: 내가 무엇을 좋아하는지 모른 채 시작하다

어떤 일이든 처음 시작은 두렵고 불확실하다. 내가 무엇을 좋아하는지, 무엇을 하고 싶은지조차 알지 못한 채 선택을 내리는 일은, 그만큼 많은 불안과 혼란을 동반한다. 많은 사람들이 저마다의 꿈을 품고 살아가지만, 나처럼 꿈을 찾지 못한 채 하루하루를 살아가는 이들도 분명히 많을 것이다. 적어도 나는 그랬다.

고등학교 시절부터 대학에 이르기까지, 나의 삶은 늘 '해야 할 일'에 쫓겨 흘러갔다. 진정으로 나를 이끌어갈 꿈이나 목표를 찾기보다는, 남들이 말하는 '정해진 길'을 따라가는 데 익숙했다. 그 길 위에서 나는 내가 누구인지, 무엇을 원하는지에 대해 깊이 고민할 기회조차 갖지 못했다.

　이 책은 바로 그 시절, 내가 무엇을 좋아하는지 알지 못했던 때부터, 그것을 찾아가기까지의 여정을 기록한 이야기다. 처음에는 세탁소 사장이 되어 미국에서 살아보고 싶었다. 그러다 사회자, 강연자, 철학자, 개발자까지―내가 좋아하는 일을 찾기 위해 한 번도 가보지 않은 길을 끊임없이 걸어왔다. 그 과정에서 실패와 좌절을 겪었고, 내가 가는 방향이 맞는지 확신할 수 없을 때도 많았다. 하지만 이상하게도, 나는 멈추지 않았다.

이 책을 통해 전하고 싶은 메시지는 단순하다. 우리는 반드시 진정으로 좋아하는 일을 찾을 수 있다는 믿음, 그리고 그 과정을 통해 자신을 발견하고 성장할 수 있다는 확신이다. 나 역시 처음에는 불확실한 미래 앞에서 두려움에 휩싸였지만, 무수한 시도와 도전이 결국 '나'를 만드는 데 꼭 필요한 과정이었다는 것을 깨달았다.

그리고 이 여정은 끝이 아니다. 내가 좋아하는 일을 찾고 그것을 직업으로 삼을 수 있게 되었을 때, 나는 또 다른 목표를 세우고 새로운 도전을 시작할 것이다. 독자들도 이 책을 통해 자신의 길을 되돌아보고, 아직 알지 못했던 자신만의 길을 발견하길 바란다.

시작은 언제나 두렵고 어렵다. 그러나 그 두려움을 마주하며 한 걸음씩 나아갈 때, 우리는 비로소 더 나아갈 힘을 얻게 된다. 이 책이 나와 같은 길을 걷고 있는 누군가에게, 작지만 분명한 용기가 되기를 진심으로 바란다.

01화. 세탁소 사장

01화. 세탁소 사장, 처음에 대하여

나에게 인생에서 처음으로 가장 중요한 선택을 한 시기가 언제냐고 묻는다면 단연코 고3이라고 말할 수 있다. 고3은 사회로 나아가는 첫 관문인 대학 입학과 인생의 방향성을 잡아 줄 전공을 선택하는 아주 중요한 시기이기 때문이다. 베이비붐 세대 의 자녀로 대한민국에서 고등학교를 보내본 사람이라면 많은 공감을 할 것이다. 그런데 이 중요한 첫 선택을 미국의 푸르고 넓은 들판 위에서 하얀 빨래를 널며 살고 싶다는 어처구니없는 이유로 전공을 선택한 사람이 있다. 그것이 바로 '나'다. 인생 시작부터 첫 단추가 이상하게 끼워져 지금도 제자리를 찾는 여정을 살아가고 있는 내 첫 이야기를 시작하고자 한다.

어중간한 나, 어설픈 선택

위에서 언급한 대로 나는 미국 넓은 들판에서 빨래하며 살아가는 세탁소 사장이 되기를 꿈꾸며 국제통상학부에 진학했다. 비록 성적이 높지 못해 원하는 대학교에 진학하지 못했지만, 그래도 전공은 비교적 자유롭게 선택할 수 있었다. 지금도 이해할 수 없지만, 그 당시 왜 그런 생각을 하고 전공을 선택했을까? 너무 오래된 일이라 기억이 가물가물하지만 돌이켜보면, 내가 어중간한 사람이었기 때문이었다.

학창 시절에 평가되던 학업 성적, 운동 능력, 예술적 감각을 보면 나는 잘하는 게 하나도 없었다. 성적도 중간이었고, 운동도 중간이었으며, 음악이나 미술처럼 특별히 잘하거나 좋아하지도 않았다. 그저 좋아하는 것은 학교에 가서 친구들과 놀거나 방과 후 피시방에서 게임을 하는 것이었다. 부모님께서 "너 커서 뭐 할래?"라고 물으셨던 전형적인 케이스였다.

그렇다 보니 무엇을 선택하는 데 상당히 어려움을 겪었다. 차라리 공부를 아예 못 하면 깔끔히 포기하고 기술이라도 해볼 텐데, 버리기에는 아까운 성적이고, 특정 과목이라도 뛰어났으면 그것과 관련된 직업이라도 찾아보고 도전했을 텐데 말이다. 그래서 대학에선 전공을 직접 정해야 한다는 말을 들었을 때 엄청나게 당황했던 기억이 있다. 그리고 순간적으로 떠오른 생각이 바로 미국에서 세탁소 사장이 되는 것이었다. 그래서 선생님께 "저는 외국에 나갈 수 있는 전공만 원서를 내겠습니다"라고 말했다. 그리하여 해외와 관련된 무역학과, 영어영문학과, 국제통상학부만 원서를 냈다.

희미해진 의지, 빠져든 새로운 세계

그런데 왜 나는 해외로 나가고 싶어 했을까? 아마도 중2 때 일본 간사이 지방에 일주일 정도 놀러 갔던 기억이 영향을 미쳤을 것이다. 그때 담임 선생님과 친구들 몇 명과 함께 일본에 갔던 기억이 굉장히 재미있는 추억으로 남아 있었다. 그래서 그런지 해외에 대한 두려움은 크게 없었고, 뭔가 굉장히 멋진 일이라고 생각했다. 사실 세탁소 일은 나에게 중요하지 않았고, 해외로 나가겠다는 의지가 컸을 뿐이다. 심지어 미국 세탁소 사장이라고 했지만, 그때는 유럽, 미국 모두 영어를 사용한다고 생각해서 그냥 여러 나라 중 미국을 선택한 것이다. 사실 머릿속에는 알프스의 들판을 상상하고 있었다. 이러한 이유로 2010년 3월, 나는 국제통상학부에 입학하게 된다.

하지만 첫사랑은 이뤄지지 않는다는 말처럼 내 첫 꿈도 이루어지지 못했다. 심지어 대학 생활도 그리 아름답지 못했다. 나는 그저 해외로 나가는 것만 생각했지, 현실을 전혀 몰랐다. 첫 전공 수업은 아직도 잊을 수 없다. 나는 고등학교 때 '윤리와 사상', '한국 근현대사', '사회·문화', '한국 지리'를 선택하여 공부했었는데, 대학교 때 첫 수업이 '경제학 원론'이었다. 수많은 그래프와 수식이 나를 맞이했다. 나는 분명 문과로 들어왔는데 말이다.

하지만 난관은 이것 하나만이 아니었다. 나는 학부였기에 한 학년에 130~140명가량 되는 학생들이 1학년으로 들어왔다. 그러나 나와 같은 학교, 같은 과에 진학한 고등학교 친구는 없었다. 그래서 생판 모르는 사람들과 새로운 인간관계를 맺어야 했다. 남중, 남고를 나왔던 터라 숫기도 없었고, 여성 비율이 반 넘게 차지하는 과에서 인간관계를 새로 맺으려니 여간 어려운 일이 아니었다. 이 두 가지 새로운 환경에 적응하면서 지내다 보니, 내가 생각했던 해외로 가겠다는 의지는 어느 순간부터 희미해졌다. 그 대신 술자리, 연애, MT, 동아리 등 처음 맛본, 도파민 가득한 경험들이 그 자리를 차지하게 되었다.

꿈이 사라진 자리, 현실의 무게

그러나 이러한 도파민이 넘치던 생활도 그리 오래 가지 못했다. 대학교 친구들은 여름방학을 기점으로 2학기부터 각자 다른 생활을 하기 시작했고, 나 또한 반복되는 생활에 지루함을 느꼈다. 그래서 2학기 때부터 책가방만 메고 학교에 다녔고, 그저 집에서 컴퓨터 게

임만 하며 폐인 같은 삶을 살았다. 사실 이런 광경은 주변에서도 흔히 볼 수 있었다. 특히 주변 친구들이 군대를 앞두고 있었기에, 무엇이든 할 필요 없이 군대 가기 전까지 실컷 놀아야 한다는 심리가 작용했을 것이다. 게다가 고등학교 때는 대학교에 진학해야 한다는 유일한 목표가 있었지만, 대학 진학 후에는 그 목표가 사라져 버렸다. '팥소 없는 찐빵'처럼 껍데기만 남아 동력을 잃어버렸다. 해외로 나가겠다는 꿈마저 단순히 과거 좋았던 추억에 의해 선택한 것이었고, 그때 그 간절함은 전혀 찾아볼 수 없었다.

시간이 흘러가고, 몸에서 '이대로 살다가는 큰일 나겠다'라는 신호가 왔다. 그제서야 이 상황을 어떻게 벗어날 수 있을까 고민했다. 결국 내가 할 수 있는 건 상황을 바꾸는 방법뿐이라 생각했다. 이는 의지로 바꿀 수 있는 것이 아니라 외부의 도움이 필요하다고 생각했고, 그래서 선택한 것이 군대였다. 2011년 2월, 추운 겨울 육군 훈련소로 입소하게 된다. 그렇게 첫 꿈은 신기루처럼 사라졌다.

준비 없는 자유, 그 선택의 결과

선택은 늘 완벽한 상태에서 할 수 없다는 걸 알고 있다. 그럼에도 청소년기에 가장 중요한 첫 선택이라 할 수 있는 전공을 나는 너무 생각 없이 골랐다. 왜 이런 일이 일어난 걸까? 내가 놓였던 당시 환경을 탓하지 않을 수 없다. 부모님은 나 하나 먹여 살리기 바빴고, 내 미래에 방향성을 잡아줄 여건이 되지 못했다. 그래서 그 역할을 해줄 거라 기대했던 학교마저 '입시 경쟁'이라는 명분 아래 그저 로봇처럼 '시험 성적'만 중시했지, 자신을 찾아가는 방향을 제시해 주지 못했다. 게다가 주변 친구들도 전부 학원을 가거나 야간 자율 학습을 하며 이유도 모른 채 좋은 대학에 가기 위한 맹

목적인 공부를 했다. 나도 그게 정답이라 믿고 달렸다. 그런데 그때, 나에게 갑자기 전공을 선택하라는 생각지 못한 자유가 갑자기 찾아온 것이다. 무방비 상태에서 나는 그저 혼란스러웠고, 제대로 준비도 못 한 채 그냥 그렇게 선택해 버렸다.

그렇게 시작한 내 첫 꿈이 실패한 것은 어쩌면 당연한 결과일지 모른다. 하지만 한편으로는 감사한 기회였다. 냉정한 현실과 목표가 없을 때 찾아오는 공허함과 불안함을 20대 시작하자마자 맛봤으니 말이다. 그것이 주어진 환경 속에서 나를 찾기 위한 여정의 신호탄이 되었다. 처음은 누구나 그렇듯 나도 초라하게 시작했지만, 다음 꿈은 이보다는 한층 성숙한 고민 속에서 시작할 수 있었다.

02화. 사회자(MC)

02화. 사회자(MC), 잘하는 일에 대하여

남자는 군대에 가야 철이 든다는 말이 있다. 나도 전역하기 3개월 전부터 철이 들기 위함인지 곧 맞이하게 될 사회생활 적응 때문인지는 모르겠지만 무엇을 해서 먹고 살지에 대한 고민이 생겼다. 이때 처음 스스로 무엇을 잘하는지에 대해 질문했다. 좋아하는 건 딱히 없었기에 잘하는 게 무엇인지를 먼저 묻게 되었는데 딱 하나 떠올랐다. 그건 바로 '말'이었다. 예전부터 주변에서 넌 말을 참 재미있게 한다는 이야기를 자주 들었다. 초등학교 6학년 담임 선생님이 "개그맨을 해 보는 게 어떠니?"라고 농담으로 이야기했을 정도니 말이다.

'말'을 직업으로 삼아보겠다는 첫 결심

전역 후 나는 '말'을 통해 할 수 있는 직업들을 막 찾아보았다. 사회자(MC), 변호사, 아나운서, 강사, 선생님, 정치인, 개그맨, 가수, 종교인, 컨설턴트, 영업, 통역가 등 무수히 많은 직업이 있었다. 하지만 말로 하는 직업들이 상당히 난도가 높다는 생각이 들어 무엇 하나 선뜻 도전하기 쉽지 않았다. 그나마 가장 빠르게 실천에 옮길 수 있는 건 사회를 보는 일이라 생각했고 그렇게 사회자가 되어보기로 했다.

사회자(MC)는 어떻게 되는 걸까? 아는 게 없으니 '잡코리아'나 각종 아르바이트 사이트를 돌아다니며 검색을 했다. 운 좋게 교육부터 사회를 보는 일까지 경험할 수 있는 아르바이트를 찾았다. 그렇게 아르바이트를 시작하게 된다. 사회자 아르바이트는 처음부터 사회자로 나가는 게 아니라 사무실에서 충분한 연습과 보조 MC를 거쳐 어느 정도 실력이 올라오면 작은 행사부터 시작하게 된다. 그런데 나는 사무실에 처음 출근한 날부터 이 일이 쉽지 않다는 것을 깨달았다. 결혼식, 돌잔치 식 순서부터 시작 멘트, 진행, 이벤트, 마무리까지 모든 구성이 짜여져 있다. 개중 가장 힘들었던 것은 남들 앞에 서는 것을 극도로 두려워하는 성격을 극복하는 일이었다.

현실의 벽, 말의 환상에서 깨어나다

난 어릴 적부터 사람들 앞에 서서 무언가를 하면 극도로 긴장하여 현기증이 났다. 그런데 그런 나의 성격도 고려하지 않은 채 시작하다 보니 이것을 극복하는 게 여간 쉽지 않았다. 연습 때는 곧잘 했지만, 남들 앞에 서면 머리가 하얘져 아무것도 생각나지 않았다. 결국 내가 '말'을 잘한다고 생각했던 것이 어떤 곳에서든 다 잘하는 것이 아니라 친구들 혹은 편안한 분위기 속에서 농담과 같은 말을 잘하는 것이었다. 즉 특정한 상황 속에서 특정 말만 잘할 뿐이었다.

이것은 MC로서 필요했던 '말'을 잘하는 역량과는 달랐다. 오히려 남들 앞에서 긴장을 덜 하는 것이 더 필요한 역량일지도 모르겠다. 그래도 꾸준히 연습하여 커다란 돌잔치에서 보조 MC를 하면서 MC 역량이 점점 올라가고 있을 무렵 또 다른 문제가 생겼다. 보조 MC를 하면서 선배 MC들이 하는 것을 지켜보았다. 관객들이 좋아하는 모습들을 보고 전문가답게 마무리하는 모습들까지 굉장히 멋진 일을 하고 있었다. 심지어 내부에서 말도 재치 있게 하고 감각도 있어 슬슬 메인 MC 자리로 올릴 준비를 하고 있었다. 그런데 이런 상황이 점점 재미가 없어지는 나를 발견했다.

재능도 있고 칭찬까지 받는 상황인데 재미가 없다니배부른 소리가 아닌가 싶지만, 선배들이 같은 패턴과 말을 반복하는 모습을 보며 무언가 알 수 없는 공허함이 들었다. 아마 이때 내가 추구하는 가치가 무엇인지 처음 질문했었던 것 같다. 내가 추구하는 가치는 말을 통해서 사람들에게 즐거움을 주는 일이다. 그것은 단순히 웃음으로 끝나는 단발성 즐거움뿐 아니라 그 사람에게 지속적 즐거움도 만들 수 있게 도움이 되고 싶었다. 그렇다. 말은 결국 내 가치 실현을 위해 내가 가장 잘 구사할 수 있는 도구이고, 이 도구를 활용해서 만들 본질이 필요했다. 내 종착지가 어딘지도 모른 채 무작정 하다 보니 실력이 늘어난들 칭찬을 받는들 하

등 재미를 느낄 수가 없었다. 결국 6개월이라는 짧은 시간을 끝으로 사회자가 되는 길을 멈추고 일의 본질을 찾아 나서기로 한다.

잘하는 일과 좋아하는 일 사이에서

사실 6개월이란 짧은 시간으로 사회자에 대해 제대로 아는 것도 아닌데 너무 성급한 결정은 내린 것은 아니냐는 스스로 반문이 들기도 했다. 하지만 이미 저런 생각이 든 이상 오랜 기간을 거쳐 제대로 된 사회자가 되어 생각이 바뀔 가능성이 얼마나 될까? 내가 가슴 뛰는 일을 정말 열심히 해도 잘 되기 쉽지 않은데 말이다. 또 내 가치의 본질을 찾겠다는 그럴싸한 이유를 대며 당당히 나왔지만, 이것이 내 방황의 씨앗이 된다. 그것은 내가 남에게 무엇을 줄 수 있는 사람인지, 무엇을 줄 수 있는지 찾아 나서야 했기 때문이다.

이렇게 사회자라는 일을 도전하며 크게 내가 추구하고자 하는 가치에 대해, 또 잘하는 일도 재미없을 수 있다는 것에 대해 깨닫게 되었다. 주변에서 '잘하는 일 vs 좋아하는 일'이 둘 중 어느 게 옳은 건지를 묻는 일이 자주 있다. 사람마다 처한 환경에 따라 각자 선택은 다르겠지만 단순하게 답할 수 없는 문제라는 건 조금만 파고들어도 쉽게 알 수 있다. 이것에 대해 좀 더 자세히 이야기하고 싶지만 여기서 멈추도록 하고 나만의 가치 있는 일을 찾으러 간 다음 이야기로 넘어가 보자.

03화. 강연자

03화. 강연자 - 좋아하는 일에 대하여

MC를 기껏 그만두고 시작한다는 것이 강연자라니! 아직 아무 내공도 없는 사람이 겁도 없이 강연을 하겠다는 게 말이나 되는 소리인가? 당연히 강연을 바로 시작한 것은 아니고 먼저 하고 싶은 말을 사람들 앞에 서서 내뱉는 연습과 정리하는 법부터 배우기 위해 학교에서 할 수 있는 발표 모조리 해보기로 했다. 수업마다 발표가 있으면 전부 신청했고, 심지어 발표가 있는 수업을 수강 신청하여 발표를 하기도 했다.

즐거움은 잠깐, 진짜 내공이 필요했다

나의 첫 발표는 영어 발표였다. 심지어 송장 (invoice) 과 관련된 전공 내용을 주제로 한 발표였다. 팀원은 나를 포함한 3명이었고, 40~50명이 되는 학생들 앞에서 첫 영어 발표를 시작했다. 분명 전부 암기해서 갔는데 머리는 또 하얘지고 식은땀은 줄줄 나고 나는 '음...'과'어...'를 반복하며 대본과 한 몸이 되어 '예스'와 '굿'그리고 '땡큐''를 외치다가 내려왔다. '무슨 자신감으로 하필 첫 발표로 영어 발표를 한 걸까?'라며 그 당시 자신을 한탄했다. 하지만 첫 발표를 매운맛으로 한 덕분인지 그 뒤로 이어진 한국어로 하는 발표가 오히려 쉬워졌다. 그리고 그 자신감은 점점 하늘을 찔러, 전공 발표부터 창업 아이템 발표 각종 토론 등 다양한 말하기 연습으로 이어졌다. 결국 남들 앞에 서서 떨던 내 모습은 어디론가 사라지고 남들 앞에서 유창하게 이야기할 수 있는 정도가 되었다. 그리고 한 팀원으로부터 "오빠, 앞에 있던 사람들 오빠 아는 사람이에요? 너무 집중해서 듣던데요?"라는 최고의 칭찬을 듣기도 했다.

물오른 나의 말하기 실력은 밖에서도 통할까라는 궁금증으로 이어졌다. 그래서 대구에 있는 사회적협동조합인 '아울러'에서 진행하던 사람책 활동에 참여하여 중학교 혹은 작은 마을에 가서 '내 몸은 늘 차렷!'이라는 제목으로 군대 이야기와 연애 실패 이야기를 에피소드로 강연을 해보기도 했다. 문화 콘텐츠를 만드는 '스탠딩 피플'이라는 기업에서 '사회자'나 강연자'로 역할을 맡기도 했다. 대단할 정도는 아니지만 밖에서도 연습한 만큼 나만의 말하는 방식이 통한다는 사실

이 엄청 좋았다. 그러나 여전히 채워지지 않는 것이 있었다. 남들 앞에서 말하는 법은 제법 늘어 강연자 같은 면모를 보였지만, 지속적인 즐거움을 주기에는 내공이 부족하다는 걸 앞에 서면 설수록 여실히 느껴졌기 때문이다.

강연자가 아닌, 강연을 만드는 사람으로

그래서 남들 앞에 서서 이야기하는 것을 잠깐 멈추고 내공을 쌓는 시간을 갖기로 했다. '자~ 지금부터 내공을 쌓아보자!'라면서 술술 진행될 줄 알았지만, 무슨 내공을 쌓아야 할지부터 막막했다. 그때 처음 무엇을 좋아하는지 깊은 고민을 시작했다. 그전에는 그저 '말'을 잘하고 좋아하니깐 단순히 관련된 일을 하면 될 거로 생각했다. 그런데 막상 내공을 쌓으려고 하니 지금까지 내가 무슨 말을 전하고 싶은지 한 번도 고민해 본

적이 없다는 사실을 깨닫게 되었다. 즉 속이 비어 있는 채로 아주 예쁜 껍데기를 만들고 있었던 것이다. 하지만 이 사실을 깨달았어도 해결되지는 않았다. 아무리 생각해도 무엇을 좋아하는지 도통 생각나는 게 없었기 때문이다. 그래서 일단 멈추고 당장 마음이 움직이는 일부터 해보기로 했다. 당장 강연자로 나서기에는 내공이 부족하니 강연을 만드는 일을 하면서 내공을 쌓아보기로 한 것이다. 지금 돌이켜 보면 강연이 만들어지는 과정을 배우면서 내공도 쌓이지 않을까라는 막연한 생각과 내가 만든 강연 프로그램에 직접 서 보고 싶다는 욕망이 섞여 시작했던 것 같다. 나는 그렇게 24살에 강연자가 아닌 강연 제작자로 여정을 또 떠난다.

질문 PART 1.

[질문 01.] 좋아하는 것은 '밖'에 있을까, '안'에 있을까?

중학교 2학년 때 나는 그림 그리는 친구가 부러웠다. 같은 수업을 듣고 똑같이 과제를 했지만, 그의 그림에는 뭔가 '느낌'이 있었다. 나는 따라 그리기에 급급했고, 선생님도 늘 그 친구의 그림을 칭찬했다. 그래서 나도 그림을 '좋아하려고' 했다. 하지만 이상하게도, 그림을 그리는 시간이 즐겁지 않았다. 그리고 얼마 지나지 않아 나는 그림 배우기를 그만두었다.

몇 년 후, 우연히 '인스타툰'이라는 걸 알게 되었다. 일상을 만화처럼 풀어내는 그 세계는 나에게 새로웠다. 무거운 미술은 싫었지만, 가볍게 이야기를 쓰고 그림을 그리는 건 재미있었다. "아, 나는 그림이 싫었던 게 아니라, 경쟁적인 미술 수업이 싫었던 거구나." 그때 처음으로, 좋아하는 건 대상이 아니라 맥락이라는 것을 깨달았다.

우리는 흔히 "진짜 좋아하는 걸 찾아야 한다"라고 말한다. 그 말엔 암묵적인 전제가 깔려 있다. 어딘가에 나에게 딱 맞는 완벽한 '좋아함'이 있다는 생각이다. 그런데 정말 그런 걸까? 나는 어릴 때 미나리를 싫어했다. 입에 넣자마자 쌉쌀한 향이 퍼지는 그 식감이 도무지 좋지 않았다. 하지만 지금은 미나리를 넣은 제육볶음이나 비빔밥이 없으면 밥상이 허전하다. 맛의 기준이 바뀐 걸까? 아니면 내가 바뀐 걸까?

어릴 땐 미나리를 '나쁜 맛'이라 여겼지만, 지금은 '건강한 맛', '향긋한 맛'으로 느낀다. 내가 바뀌었고, 그 변화는 수많은 경험과 기억 속에서 이루어졌다. 좋아함은 발견되는 게 아니라 형성된다. 우연히 접한 계기, 반복된 경험, 좋은 기억, 의미 있는 순간들이 감정 + 기억 + 맥락으로 얽혀서 '좋아하는 것'을 만들어낸다. 그러니 좋아하는 걸 무언가 '딱 하나'로 정의하려 하지 않아도 된다.

어떤 날은 독서가 좋고, 어떤 날은 혼자 조용히 걷는 게 더 좋을 수도 있다. 중요한 건 그 감정의 변화를 포착하는 힘이다. 좋아하는 것은 정체성이 아니라 여정이다. 우리는 그 여정 속에서 조금씩 자신을 발견해 간다. 그러니 '좋아하는 걸 아직 못 찾았다'라고 불안해하지 말자. 좋아함은 바깥에서 주어지는 것이 아니라, 살아가며 스스로 만들어가는 감정이다. 지금, 이 순간 당신이 기분 좋게 몰입하고 있는 것, 그게 바로 실마리일지도 모른다.

* 나로 살기 위한, 첫 번째 질문

1) 나는 예전엔 싫어했지만, 지금은 좋아하게 된 게 있을까? 왜 바뀌었을까?

2) 나는 '진짜 좋아하는 것'을 너무 좁게 정의하고 있었던 건 아닐까?

3) 최근에 내가 몰입했던 경험은 어떤 감정과 연결되어 있었을까?

[질문 02.] 나는 무엇을 알고, 무엇을 모르는가

몇 해 전부터 노션을 쓰기 시작했다. 매일매일 감정을 기록하고, 한 주의 하이라이트를 정리하고, 생각을 '구조화'해서 정리하겠다는 의지로 수십 개의 페이지를 만들었다. 그런데 이상했다. 기록은 남았는데, 나는 바뀌지 않았다. "왜 그랬지?"라는 물음 하나 없이, "오늘 기분은 3점", "짜증이 났다", "회의가 길었다"

같은 단편적 기록만 쌓여갔다. 그땐 몰랐지만 지금은 안다. 나는 기록은 했지만, 해석은 하지 않았다.

어느 날, 친구와의 대화에서 서운함이 폭발했다. 사소한 일이었지만, 그 순간 내 입에서 나온 말은 "넌 늘 그래"였다. 집에 돌아와 그날 쓴 일기를 다시 보았다. "회의 중 그 친구가 내 의견을 끊었다. 짜증 났다. 근데 그냥 넘어감." 한 줄로 끝난 그 감정엔 사실, 오랜 시간 쌓인 패턴과 신념이 있었다. 나는 왜 늘 그 친구에게 서운함을 느끼는 걸까? 왜 감정을 바로 표현하지 못하고 참았다가 나중에 터뜨리는 걸까? 그날 처음으로, '짜증'이라는 단어를 다시 들여다봤다. 그리고 느꼈다. 나는 감정 자체보다, 그 감정을 바라보는 나의 방식을 잘 몰랐던 거다.

우리는 쉽게 조언을 듣는다.

"좋아하는 걸 해봐."

"너 자신을 잘 알아야 해."

하지만 그런 말들은 구체적인 방법을 알려주지 않는다. 그래서 나는 질문을 바꾸기로 했다. "내가 나를 잘 안다고 생각하는 근거는 무엇일까?" 예를 들어 이런 식이다.

- 예전에 좋아했던 것이 지금은 싫어진 적은 없는가?

- '좋다'는 감정은 정확히 어떤 느낌인가? 기분 좋은 것? 안정감? 성취감?

- 이루고 싶지만 정작 즐겁지 않은 목표는 없는가?

- 그게 정말 좋았던 건지, 그걸 하던 그 순간이 좋았던 건 아닌가?

이런 질문을 스스로에게 던져보면, 우리는 어느 순간 깨닫는다. 우리는 생각보다 자기 자신에 대해 잘 모르고 있다는 사실을. 결국 자기 이해는 경험을 해석하는 과정이고, 감정은 기록보다 복기가 중요하다. 하루하루 느끼는 감정을 기록하는 것도 좋지만, 때때로는 "왜 그랬을까?"를 붙여야 비로소 '나'를 이해하는 여정이 시작된다. 그래서 나는 그날 이후, 일기를 쓸 때 다음과 같은 프롬프트를 붙이기 시작했다.

  – 이 감정은 처음이었나? 아니면 반복되고 있었나?
  – 어떤 기억이나 신념과 연결돼 있나?
  – 이 감정은 나에게 어떤 메시지를 주고 있을까?

이상하게도 그 질문들을 던지기 시작하자, "좋아하는 것"도, "싫어하는 것"도 더 분명해졌다. 그리고 어

느 순간, 알게 됐다. 진짜 나를 아는 힘은 기록이 아니
라, 그걸 다시 읽는 용기에서 비롯된다는 걸.

* 나로 살기 위한, 두 번째 질문

1) 나는 지금까지 어떤 감정 패턴을 반복해 왔는가?

2) 나에게 자주 떠오르는 감정은 '현재'에만 기인한 것일까?

3) 내가 나에 대해 알고 있다고 믿는 건, 사실 습관의 결과는 아

닐까?

04화. 강연 제작자

04화. 강연 제작자 – 동기에 대하여

사실 '강연제작자'를 갑자기 꿈꾼 건 아니다. 남들 앞에 서서 말하기를 시작한 후 다른 고수들은 어떻게 이야기하는지 궁금하여 잡코리아에서 진행했던 '나의 꿈을 소리치다'라는 프로그램에 방청객을 신청하여 참여하기도 했고, '세상을 바꾸는 15분' 일명 '세바시'라고 불리는 연사 프로그램을 네이버 동영상을 통해 이미 알고 있었다. '강연 제작자'를 목표로 정하고서 당시 '세상을 바꾸는 이야기'를 운영하던 회사인 '마이크 임팩트'와 연을 닿기 위해 '청춘 페스티벌', '골든 마이크' 심사단 등 다양한 프로그램에 참여했다. 하지만 내 적극성의 한계로 '마이크 임팩트'와는 끝내 연을 잇지 못하고 서울 시청역에 있는 맛집 '오향족발'만 맛있게 먹고 내려왔었다.

고수들을 좇으며 현장을 누비다

그래도 강연제작자가 되는 꿈을 포기할 수 없었기에, 대구에서 강연과 관련된 대외 활동이란 활동은 다 찾아봤지만 정말로 마땅한 활동이 없었다. 서울에서도 일반 사람들을 중심으로 한 강연 사업이 점점 올라오던 시기였기에 대구는 없는 게 당연했다. 그렇게 계속 찾던 와중에 우연히 문화 콘텐츠 사업을 하던 '스탠딩 피플'이라는 기업에서 현대백화점 강연을 진행하는 기획단을 뽑는 대외활동을 발견하여 참여하게 된다.

당시, 이 기업은 구본형 작가 의 독서 모임에서 만난 사람들이 '사람을 세운다'라는 캐치프레이즈로 2013년에 설립한 스타트업 회사다. 재능 기부식으로 연사를 초청한 강연을 중심으로 다양한 문화 콘텐츠 사업을 진행했다. 나는 당시 기획단 2기 멤버로 참여하였다. 내가 맡은 역할은 현대백화점에서 진행하는 '청춘 바캉스'라는 주제의 강연 프로그램과 회사 자체적으로 진행하던 강연 프로그램을 서포트하는 일이었다.

모든 경험이 도움이 되진 않는다

진행자가 되기도 하고 강연 전 준비물과 관객에게 자리 안내 등 기본적인 것부터 시작했다. 강연장 예약부터 강사 섭외까지는 직접 해보지 못했지만, 스타트업이기에 어떻게 진행하는지 가까이서 볼 기회가 자주 있었다. 이 경험은 이후 '스무 살의 인문학'이라는 500여 명이 듣는 수업을 진행하는 데 큰 도움이 된다. 이 밖에도 미스 월드 코리아, 프리마켓 행사, 대구 근대골목 투어 등 각종 다양한 행사에 참여했다.

하지만 내가 확실히 느꼈던 건 나라는 사람은 무대를 만들고 싶은 사람이 아니라 결국 서고 싶은 사람이었다. 내가 가고자 하는 곳과는 다른 방향이었기에 능동적으로 행동하지 못했다. 그저 시키는 일만 마무리하는 사람으로 전락해 있었다. 물론 강연을 만드는 과정이 의미 없었고, 배울 가치가 없었다는 뜻은 아니다. 분명 이것은 내가 앞으로 하는 일에 있어 중요한 영양분이 될 것이다.

하지만 전부 도움이 된다고 한정된 시간 속에서 모든 걸 다 하는 건 어리석은 짓이다. 그렇기에 선택과 집중이 필요했다. 그리고 나는 사람들과 꾸준히 이야기 나눌 수 있는 나만의 무기가 너무나도 갖고 싶었다.
그 무기를 찾으려고 계속 시도하고 있었지만 뚜렷하지
않았고 도통 찾을 수 없었다. 하지만 우연한 계기로 인
해 그것을 정하게 된다. 그러나 그 사건은 이후 나에게
축복과 절망을 맛보게 해주었고 이후 나의 삶은 이것
을 하기 전과 후로 크게 나눠진다.

05화. 철학자

05화. 철학자 - 재능에 대하여

앞선 화에서 너무 호들갑을 떤 건 아닌지 걱정되지만, 이번 이야기는 나의 사고방식과 행동에 지대한 영향을 주었기 때문에 어쩔 수 없었다. 이전까지 내용은 어떠한 이유로 무언가를 했고 거기에서 느낀 점으로 끝났다고 하면 이번과 다음에 걸쳐 있었던 사건을 조금씩 파고들려고 한다.

완독의 기쁨, 첫 철학책의 감동

'철학자'를 도전한다는 건 지금 시대에 "나 굶어 죽겠습니다."라고 외치는 것과 마찬가지다. 여기서 '철학자'란 니체, 칸트, 공자, 맹자와 같은 철학자가 아닌 철학을 전공하여 대학교수가 되는 것까지를 말한다. 점점 인문학이 자리를 잃어가는 대학교에서 철학과 교수가 되는 건 정말 쉽지 않은 일이다. 게다가 철학을 전공으로 하지 않는 나에게는 더욱 높은 벽이었다. 누가 '무식하면 용감하다'라고 했던가 그게 바로 나였다.

인문학에 관심을 가졌던 건 여러 연사를 만나면서 '나 자신으로 살아야 한다.' 메시지를 계속 듣다 보니 인문학에 관심을 가졌다. 본격적으로 관심을 가진 건 2014년부터인데 그 계기는 바로 책이었다. 그전에도 인문학 책을 읽어보려고 『총, 균, 쇠』, 『서양 문화사』 등 책을 샀었지만. 기초 지식이 없던 나에겐 너무나 어려웠었다. 그러던 어느 날 날짜는 정확히 기억나지 않지만 '스탠딩 피플'에 있는 한 누나에게 책을 선물로 받았다. 그 책은 『너는 생각이 너무 많아』라는 책이었다.

10년도 더 지난 일이라 책 내용이 떠오르지는 않으나 교과서도 끝까지 읽어 본 적 없는 나에게 완독을 안겨준 첫 책이었다. 이때 처음 책을 읽는 것에 대한 기쁨을 느껴봤다. 그리고 인문학에 대해 더욱 눈을 뜨게 되었다. 그때부터 인문학에 관심을 가지기 시작했고 부산에서 열린 인문학 캠프에 2박3일 동안 참여하기도 했다. 거기다 내가 활동한 기업은 '독서 모임'이 전신이 되어 창업한 기업이었기에 생일이 되면 책 선물을 해주는 복지가 있었다. 그래서 생일날 선물로 여러 권의 책을 선물 받았는데 당시 받았던 책들이 『여덟 단어』, 『죽음의 수용소에서』, 『니체의 말』, 『스마트한 심리학 사용법』까지 총 4권이었다.

처음 맛본 지적 도파민, 그리고 휴학

운명인지 모르지만, 생일이 또 방학 기간이었기에 시간도 많이 남아 이 책들을 읽었다. 그때 책을 읽으며 '몰입'이 이런 건가 생각이 들 정도로 너무 빠져서 읽었다. 새벽 5까지 책을 읽으며 내가 지금까지 여태 몰랐던 사고관이 열려 기쁨을 주체하지 못해 방안에서 기쁨의 기도와 춤까지 췄을 정도니 말이다. 그때 알랭드 보통, 강신주, 고미숙, 최진석 등 여러 철학자를 접하게 되었고, 그들의 책과 더불어 문학책도 읽었는데 특히 밀란 쿤데라와 괴테, 톨스토이 책을 읽었다.

이때 느낀 그 카타르시스와 충격은 지금도 잊을 수 없다. 하지만 이것이 좋은 점만 있었던 것은 아니다. 그렇다 살면서 설탕을 처음 먹어 본 것이다. 그 도파민은 말로 표현할 수 없었고 그렇게 무엇인가에 홀린 듯 책을 읽고 싶다는 이유만으로 휴학을 해버렸다. 지금 생각해도 약간 극단적인 선택이 아닌가 싶다. 그 당시는 남이 시킨 것이 아닌 정말로 내가 인생의 주인공이 되고 싶었고, 지금 가장 원하는 걸 하고 싶은 마음이 너무 간절했다. 그렇게 휴학 후 대외 활동을 병행하며 책을 읽었다.

책에 이렇게 빠졌던 걸 보여주는 사건이 있는데 아직도 기억에 남는다. 내가 미스 월드 코리아 운영 스태프로 참여하여 강원도 영월에서 2주간 머물 때였다. 그때 기자 스태프로 참가했던 한 여성분이 있었다. 그 여성분과 장난도 자주 쳤었고, 한 이어폰으로 음악도 같이 들을 정도로 친해졌었다. 그러다 어느 날 내 기억으로는 휴식 시간을 부여받아 그 여성분과 숙소 내 편의점에 들렀다가 방으로 들어가는데 길이었는데, 그분이 자기가 묵고 있는 방에서 같이 놀자고 제안했었다. 지금 생각해도 그때 내 대답은 참 가관이었다. "미안, 지금 젊은 베르테르의 슬픔을 읽어야 해서"라고 대답

하며 유유히 방으로 돌아가 책을 읽었다. 이 사건 정도면 얼마나 책에 빠졌었는지 잘 보여줄 거로 생각한다.

한편, 책도 많이 읽었지만, 당시에 강신주 선생님이 진행하던 '다상담'이라는 라디오를 팟캐스트에서 엄청나게 들었다. 그때 라디오에서 들었던 서양철학의 매력에 빠지게 되었고, 특히 '니체'라는 철학자에게 빠졌다. 처음 읽었던 책이 『차라투스트라는 이렇게 말했다』라는 번역서를 읽었다. 니체 책은 사실 읽기 쉽지 않은데, 왜 그랬지 모르겠지만 『차라투스트라는 이렇게 말했다』만큼은 잘 읽혔다.

물론 제대로 된 해석은 아니겠으나, 내 상황과 앞으로 나아갈 방향에 대해 제시해 줄 뿐 아니라, 인생에 주인공으로 살아가는 삶에 관한 내용이 너무나도 공감되었다. 그 뒤 『선악의 저편, 도덕의 계보』, 『인간적인 너무나 인간적인』 등 각종 원서 번역서를 읽어보려고 했으나, 버거웠다. 결국 한국에서 니체를 공부하신 분들이 해석한 니체에 관한 책들을 읽었다.

니체를 안고 교수님 문을 두드리다

책으로만 끝났으면 참 좋았을 텐데, 결국 철학자가 되기로 마음을 먹고 각종 대학원을 찾아보기 시작했다. 또 순위 매기기 좋아하는 나라에서 태어난지라 'QS', '라이덴', 'THE' 등의 세계 대학교 순위를 찾아보고 대학원을 선별하기 시작한다. 당시 나는 독일 철학에 빠져 있던 터라 독일 대학교를 가장 가고 싶었다. 그때부터 조금씩 현실이 보였다.

독일 철학을 하기 위해서는 독일어를 아주 잘해야 할 뿐만 아니라, 영어까지도 겸비해야 했다. 그런데 나는 어느 하나도 유창하게 하지 못했다. 그나마 영어를 배웠으니, 영어로만 가능한 대학원을 찾아봤으나 대부분 경영, 경제학과뿐이었다. 당연히 독일 철학을 하는

데 독일어를 안 하고 학위를 받는다는 생각 자체가 말이 안 되지만, 그만큼 절실했기에 그렇게까지 생각했다. 심지어 독일 철학이 일본을 통해 번역되어 들어왔으니, '일본에서 독일 철학을 할까?'라는 바보 같은 생각까지 했으니 말이다.

한 학기 휴학이라 개강일이 빠르게 찾아왔다. 그리고 인문학과 관련된 교양 수업들을 신청했다. 그런 수업을 들으면 들을수록 철학자가 되고 싶은 마음이 강해져 갔다. 그래서 2학년 1학기 때 들었던 '인간관계의 철학'에서 담당 교수였던 최재목 교수님에게 문자를 보냈다. 당시 엄청나게 떨면서 문자를 보낸 기억이 난다. 다행히 교수님께서 흔쾌히 연구실로 찾아오라고 해서 찾아갔다. 그 당시 철이 없고 철학에 대해 아무것도 모를 때라 연구실에 찾아가서 그때 빠져 있었던 니체와 서양철학 이야기를 실컷 떠들었다. 교수님은 양명학을 전공한 동양 철학 교수임에도 불구하고 내 이야기를 잘 들어주셨다.

그래서 '철학을 배우고 싶다.' 어떻게 하면 좋을지 여쭤봤다. 교수님은 당황한 기색으로 지금 바로 결정하지 말고, 부전공이나 복수전공을 해보고 결정해 보는 게 어떤지 제안을 주셨다. 나는 흔쾌히 받아들였고 부전공을 신청하여 철학과에 가서 전공들을 듣게 된다. 『서양 근대철학』, 『도가철학』, 『불교 철학사』, 『중국 철학사』, 『서양 고·중세 철학』 등 전공을 8개 들었고 평균 4점이라는 성적을 받았다. 내 전공 성적이 오히려 3.3점 정도였으니 오히려 낮았다. 그 결과 대학원을 가야겠다는 생각이 더욱 굳어졌다. 그렇게 전공이 달라 철학과로 진학을 바로 할 수 없었기에 융·복합학과인 한국학과로 2016년 9월 진학하게 된다. 하지만 이 결정은 이후 아주 쓰디쓴 현실을 맛보게 해준다.

06화. 독도 연구자

06화. 독도 연구자 – 후회와 실망에 대하여

사실 한국학과로 진학한 것은 전공이 다른 이유도 있었지만, 진학 직전 교수님께서 철학으로는 밥을 벌어먹기 힘드니 일본 정치사상을 공부해서 독도 연구자가 되는 건 어떤지 제안을 주셨다. 당시 교수님은 독도 연구소 소장을 맡고 계셨고, 차세대 독도 연구자가 없는 상황에서 새로운 제안을 주신 것이다. 사실 철학과로 바로 진학 할 수도 없었고 현 교수님의 지도를 받기 위해서는 딱히 다른 방법도 없었기에 그렇게 하기로 했다.

준비 없는 진학, 점점 드러나는 한계

대학원 진학 후 내 삶은 매일 공부에 찌들어서 살 것 같았지만 오히려 그렇지 않았다. '스무 살의 인문학'과 '융합 인문학'이라는 500명이 듣는 교양 강의 조교를 맡아 학비를 충당했고, 각종 행정 사무일과 교수님의 개인적 업무를 도왔다. 그리고 갑작스럽게 일본 정치사상을 공부해야 했기에 일본어 공부를 시작했다. 그리고 일본으로 유학 갈 것을 대비하여 영어 그리고 일본어 자격증 등을 준비했다.

하지만 그때부터 조금씩 내 한계를 깨닫기 시작했다. 사실 대학원을 진학하기 위해서는 이미 예전부터 그것과 관련된 기초 지식을 충분히 쌓아야 하며 논리적 글쓰기 및 사고하는 법 등 완벽하진 않더라도 어느 정도 준비가 되어있어야 한다. 준비 없이 대학원에 진학 후, 정말 열심히 해서 극복하는 경우가 있으나 그건 소수에 불과하다. 대부분은 중간에 그만둔다. 나는 어느 것 하나도 준비 되어있지 않았고, 갑작스레 바뀐 전공과 외국어 공부 그리고 논문까지 학자가 되는 길이 정말 어렵다는 걸 깨달았다.

대학원 과정 동안 소논문 한 편을 써서 제출한 적이 있었다. 그 논문 주제는 다루기도 쉽지 않고 메이지 시대와 쇼와 시대를 배경으로 하고 있기에 근대 일본어와 초서 그리고 한문까지 읽어야 했다. 하지만 이것들을 감당하기에 내 역량은 불가능했다. 결국 이미 있는 내용들을 가지고 짜깁기 하여 정리한 수준의 논문이 나왔다. 그때 학자란 자신의 논리 혹은 이론 등을 입증하기 위해 수많은 자료수집과 검증 과정을 거쳐야 나올 수 있다는 사실을 절실히 깨닫게 됐다. 또한 그 과정을 반복하기 위해서는 기본기와 상당한 시간이 소요되는 영역이라는 것, 그리고 재능의 요소가 일부 포함된 분야라는 걸 2년이라는 시간에 걸쳐서 뼈저리게 알게 되었다.

게다가 주변 수많은 박사님과 일류대학의 대학원생을 만나면서 자연스레 비교되었고 자존감은 바닥을 쳤다. 엎친 데 덮친 격으로 진학 후 술과 야식으로 몸무게가 15kg이나 늘어 건강도 잃었다. 나는 배고픈 소크라테스가 되기 위해 진학했지만, 배부른 돼지가 되어있었다. 이 생활을 더 이상 이어 가는 건 무리였다.

노력으로 넘을 수 없는 벽, 재능의 한계

그렇게 2년이라는 시간과 심지어 일본 일류 대학에 지도교수까지 정해진 상황에서 모든 걸 다 포기했다.

심지어 논문도 쓰지 않았다. 내 심장을 가장 뛰게 했고 이 길밖에 없다고 생각한 꿈을 포기해 버렸다. 물론 이 결정은 혼자 내린 건 아니었다. 주변 박사님들과 상담하면서 철학을 전공해도 교수가 되는 건 하늘의 별 따기만큼 힘들다는 것을 알게 됐다. 심지어 학부 전공부터 석사 그리고 박사 전공까지 전부 달랐던 내 상황은 더욱 희박하다는 현실을 깨닫게 됐다. 당시는 데이터 사이언스, 데이터 금융과 같은 융합 전공이 한창 유행하던 시기였지만, 융합 전공자들이 학계에서 자리 잡는 건 굉장히 힘들고 드문 경우였다. 그래도 가장 나를 힘들게 했던 것은 이것은 내가 아무리 노력한다고 해도 이 벽을 절대 넘을 수 없다는 재능의 한계였다. 신수정 대표님은 자신의 책 『통찰의 시간』에서 "일에 대한 즐거움은 도전과 능력이 합치되어야 발생한다고 한다"라고 말한다. 이 구절처럼 나는 철학자와 연구자를 도전했지만, 능력이 합치되지 않아 즐거움이 아닌 열

등감과 패배감에 휩싸였다.

포기는 좋다. 그런데 내 나이 이제 28살, 이제부터 뭘 해야 하나? 남들은 다 취업하는 데, 내가 가진 거라곤 일본어 자격증과 조교를 하면서 모아둔 1,500만 원 정도의 적금뿐, 갑작스럽게 취업하기엔 어떤 회사를 가야 할지 또 어떻게 준비해야 할지 막막했다. 아무 생각도 나지 않았고 하고 싶지도 않았다. 그저 어딘가로 떠나고 싶었다. '그래, 조금 모아둔 돈과 일본어를 공부했으니, 그래 일본으로 떠나자!' 배운 게 도둑질뿐이라고 지금까지 한 게 공부였으니, 원래 전공을 살려 경영 대학원에 진학해 일본에서 취업해 보자는 또 허황한 생각을 가지고 일본 유학을 준비한다.

행동보다 앞선 생각, 그러나 그 생각은 뭔가?

다음 이야기를 이어가기 전 지금까지 도전을 잠깐

회고해 보자. 여태까지 이야기에서 보여준 내 모습은 누구라도 이러한 사건이 있었다면 충분히 있을 수 있는 일이라 생각한다. 하지만 도전 과정에서 선택을 살펴보면 나에 대한 분석과 고민보다는 단순 느낌과 감정으로 선택했다는 걸 쉽게 알 수 있다. 그 이유는 과거의 경험에 대해 회고하지 않았기 때문이다.

무엇을 선택했는데 '좋다/안 좋다'는 단순 평가만 내리고 지나간 게 전부다. 그 경험에서 무엇을 잘했고, 어떤 걸 좋아하고, 나는 어떤 능력을 갖추고 있고, 어떠한 환경에서 잘하고, 어떻게 지속 가능했고, 잘한다는 건 어떤 건지 등 나를 알기 위한, 그리고 더 발전시키기 위한 고민 없이 무작정 시도만 한 것이다. 물론 이렇게 생각하는 게 쉬운 일이 아니다. 오히려 생각이 너무 많아 행동으로 옮기지 못할 수도 있다.

그러나 이런 '생각'에 대해 진지하게 고민해 본 적이 없었다. 어떤 생각은 행동으로 이끄는 생각도 있다.

나도 몰랐다. 그래서 실패했고 또 같은 행동을 해 실패를 반복했다. 이런 사실에 대한 실마리를 얻는 데까지는 무려 10년이 넘게 걸렸다. 심지어 그것을 알게 된 지금도 실패는 이어지고 있다. 하지만 전보다는 내가 가고자 하는 방향으로 조금씩 전진하고 있고, 과거에 했던 경험에서 얻은 것들을 활용하고 있다.

질문 PART 2.

[질문 03.] 욕구, 욕망, 감정 – 좋아함의 뿌리를 찾아서

새벽 2시. 침대에 누운 지 꽤 됐지만 좀처럼 잠이 오지 않았다. 머릿속엔 온통 유튜브 알고리즘, 요즘 뜨는 콘텐츠, 일 잘하는 사람들의 루틴 이야기뿐이었다. 그러다 갑자기 드는 생각.

"나는 왜 이걸 이렇게까지 알고 싶어 하지?"

처음엔 단순한 관심이었다. 재밌어서 보기 시작한 영상들이었고, 막연히 '나도 잘하고 싶다'라는 마음이 생겼다. 그런데 어느 순간부터는 그걸 안 보면 불안했다. 지금 당장 뭘 하지 않으면 뒤처질 것 같았고, 나만 가만히 있는 것 같은 느낌이 들었다. 무언가를 알고 싶다는 욕망 뒤에는, 불안을 피하고 싶은 욕구가 있었다. 그날 나는 깨달았다. 좋아한다는 감정은 그냥 '기분 좋은 것'이 아니라, 그 아래에는 나를 움직이게 만드는 원초적인 에너지가 있다는 것을.

욕구: 생존과 안정에 대한 내면의 신호

나는 배가 고플 때 밥을 먹는다. 피곤하면 쉰다. 외로우면 누군가와 연락하고 싶어진다. 이런 감정들은 너무 당연해서 무시하기 쉽지만, 사실 이건 몸이 나에게 보내는 신호다. 우리는 욕구를 너무 본능적이라 여

겨 과소평가하지만, 그 어떤 것도 욕구 없이 시작되지
않는다.

"나는 글 쓰는 걸 좋아해요."

그 말의 이면엔 여러 욕구가 숨어 있을 수 있다.

- 나를 표현하고 싶은 욕구
- 누군가에게 인정받고 싶은 욕구
- 내 생각을 정리하고 싶은 욕구

이처럼 좋아함의 시작점에는 늘 욕구가 있다.

욕망: 감정과 환경이 덧입혀진 욕구의 확장

어느 날, 친구가 인스타그램에 올린 '트러플 파스

타' 사진을 보며 이런 생각이 들었다. "아, 나도 저런 데 가보고 싶다." 배가 고파서가 아니라, 뭔가 있어 보이고, 나도 저런 삶을 살고 있다는 걸 드러내고 싶은 마음이 컸다. 욕망은 단순히 배고파서 밥을 먹고 싶은 욕구와는 다르다. 욕망은 감정과 외부 환경이 붙은 욕구다. 그리고 이때 우리는 욕망의 대상에 이름을 붙인다.

- 유명한 셰프의 파스타
- 브런치가 있는 일요일
- 나만 알고 싶은 카페

그렇게 우리는 욕망을 통해 무언가를 원하게 되고, 원하다 보면 언젠가 그걸 좋아한다고 착각하기도 한다.

감정 : 좋아함은 이 모든 것을 덧씌운 감각

나는 새벽 러닝을 한다. 처음엔 단순히 몸이 답답해서 시작했다. 하지만 점점 기록이 늘어나고, 풍경이 달라지고, 달리는 내 모습이 멋져 보이기 시작하면서 러닝은 하나의 '좋아함'이 되었다. 하지만 정말 달리는 그 행위가 좋았던 걸까? 아니면 그때 느꼈던 감정, 성장하는 느낌, 혼자만의 평화로움, 뿌듯함이 좋았던 걸까?

우리는 흔히 "나는 ○○(을)를 좋아해요"라고 말한다. 하지만 정말로 좋아하는 건 그 활동이 주는 감정, 그리고 그 감정과 연결된 기억과 맥락이다. 예를 들어, 등산을 좋아한다고 말하지만, 사실은 정상에 올랐을 때의 성취감이 좋은 것일 수 있다. 사람 만나는 걸 좋아한다고 말하지만, 사실은 그 안에서 인정받는 느낌이 좋아서일 수 있다. 혼자 있는 걸 좋아한다고 말하지만, 사실은 지친 관계들로부터 회복되는 시간이 필요한 것일 수도 있다. 그러니까, 우리는 좋아하는 것을 말하기 전에 먼저 물어야 한다.

"나는 왜 그걸 좋아한다고 느끼는 걸까?"
"그것이 진짜 좋아서일까, 아니면 그 순간의 감정이 좋았던 걸까?"

이런 질문은 좋아하는 것을 명확히 하는 데만 쓰이는 게 아니다. 오히려, 나를 이해하는 핵심적인 렌즈가 된다. 좋아함은 욕구로부터 출발해, 욕망을 지나, 감정으로 쌓인다. 그리고 그 경로를 추적할 수 있을 때, 우리는 더 이상 남들이 말하는 '진짜 좋아하는 것'에 휘둘리지 않게 된다. 좋아하는 건 감정이지만, 그 뿌리는 생각보다 훨씬 깊다.

* 나로 살기 위한, 세 번째 질문

1) 내가 요즘 가장 '끌리는 것'은 무엇이고, 그 아래에 어떤 욕구가 숨어 있을까?

2) 내가 좋아한다고 느끼는 건 그 활동 자체인가, 아니면 그 활동이 만들어주는 감정인가?

3) 어떤 욕망은 '좋아하지 않는데 계속 추구하게 되는' 상태로 이어진 적은 없었나?

[질문 04.] 무엇을 좋아하는지 모르겠다면?

"요즘 뭐가 제일 좋아?"

누군가 이렇게 물으면, 이상하게도 대답이 막힌다. 예전엔 좋아했던 것들이 지금은 시들해졌고, 새롭게 뭔가를 좋아하고 있다고 말하기엔 아직 확신이 없다. 그렇게 나는 말한다.

"사실... 뭘 좋아하는지 잘 모르겠어."

사실 이 말은, 꽤 많은 사람들이 속으로 되뇌는 말이다. '뭘 좋아하는지 몰라서, 좋아하는 걸 찾고 싶다'라는 마음. 그래서 요즘엔 '다양한 경험을 해봐라'라는 조언이 유행처럼 퍼졌다. 여행, 독서, 운동, 전시회, 새로운 사람들과의 만남. 그런데 이상하게도, 그렇게 바쁘게 살아도 여전히 마음 한켠은 공허하다. 나도 그랬다. 사람들은 내게 말했다.

"넌 이것저것 많이 해보는 스타일이니까 금방 찾을 수 있을 거야."

그런데 경험이 쌓이면 쌓일수록 더 혼란스러웠다. 도대체 이 많은 경험 중 뭐가 진짜였을까? 어느 날, 나는 질문을 바꿔보기로 했다.

"좋아한다는 건 정확히 어떤 상태일까?"

그리고 내린 결론은 이거였다.

좋다 = 감정 + 기억 + 맥락

예를 들어, 등산을 좋아한다고 말하는 사람도 정말
로 '산을 타는 그 자체'가 좋은 걸까? 아니면,

- 정상에 올랐을 때의 시원한 바람
- 누군가와 함께 나눈 대화
- 내 몸이 해냈다는 뿌듯함

이런 것들이 뒤섞여서 '등산 = 좋다'라는 공식이 만

들어진 건 아닐까? 다시 말해, 우리가 좋아한다고 느끼는 건 대부분 '그 활동'이 아니라, 그 활동 속에서 경험한 감정이다. 누군가는 "나는 글 쓰는 걸 좋아해요"라고 말한다. 그런데 조금 더 들여다보면,

- 생각이 정리되는 느낌이 좋아서
- 사람들과 생각을 나누는 과정이 좋아서
- 내가 만든 문장이 누군가에게 닿을 때 뿌듯해서

이런 맥락이 감정과 기억을 만들어냈다. 그러니 이렇게 말할 수도 있다.

"나는 글쓰기를 좋아해. 정확히는, 글을 통해 내 마음이 선명해질 때의 그 느낌을."

우리가 '좋다'는 감정을 이해하지 못한 채 좋아하는

걸 찾으려고만 하면, 짜장면이 뭔지도 모르면서 짜장면을 찾는 꼴이 되는 셈이다. 결국, 문제는 경험이 아니라 '복기'였다. 그래서 나는 일상을 바라보는 방식을 바꿨다.

- 왜 이 순간 기분이 좋았을까?
- 어떤 요소가 나에게 특별하게 느껴졌을까?
- 이 경험을 또 하고 싶은 이유는 무엇일까?

그렇게 질문을 붙이기 시작하자, 내가 진짜 좋아했던 것들이 선명해졌다. 좋아하는 걸 찾지 못했다고 자책할 필요는 없다. 좋아함은 어디 있던 게 아니라, 어떻게 보느냐에 따라 달라지는 것이니까. 경험을 통해 감정을 느끼고, 기억을 남기고, 의미를 부여하는 사람만이 그것을 좋아한다고 말할 자격이 있다. 그러니 이렇게 말해도 된다.

"나는 아직도 뭘 좋아하는지 잘 모르겠어. 하지만 오늘 있었던 이 순간은 참 좋았어. 그 이유를 곱씹는 중이야."

그것이면 충분하다. 그것이 바로, 좋아함을 발견하는 첫걸음이다.

* 나로 살기 위한, 네 번째 질문

　1) 나는 지금까지의 경험 중 어떤 순간이 인상 깊었는가? 그 이유는?

　2) 내가 '좋다'고 느낀 건 활동 자체인가, 아니면 거기서 느낀 감정인가?

　3) 요즘 나에게 자주 떠오르는 '좋았던 기억'에는 어떤 맥락이 있었는가?

07화. 주류영업

07화. 주류영업 – 성과에 대하여

말은 일본을 간다고 했는데 어떻게 일본에 가야 할지 감이 잡히지 않았다. 비자며 집이며 방법을 찾기 위해 인터넷을 샅샅이 뒤졌다. 그러던 중 우연히 '엔젤루트장학회'를 발견했다. 그곳은 '비영리 공익법인'으로 해외 진출에 첫발을 내딛는 유학 희망자를 대상으로 진로에 필요한 장학금, 취업, 자문 등을 도와주는 곳이었다. 그렇게 장학금을 신청했고, 50% 장학금을 받는

값진 결과를 얻었다. 더 좋았던 것은 막막했던 '비자 문제'를 '엔젤루트'에서 직접 맡아 해결해 주었기에 쉽게 유학비자를 발급받을 수 있었다. 이것도 운인지 우연인지 모르겠지만, 대학교 때 친하게 지냈던 정말 몇 년 만에 연락이 닿았는데 그 친구가 도쿄에서 일하고 있다는 것이었다. 그래서 그 친구에게 집이며 핸드폰 개통 등을 물어보며 입국 전에 미리 해결할 수 있었다.

일본 유학 두 달, 진학에서 취업으로

그렇게 시간이 흘러 2019년 4월 3일 수요일 도쿄에 입성했다. 입국 날부터 정신이 없었다. 집 '키'를 받기 위해 'GG하우스 본사'에 들려야 하는데 도쿄 지하철이 얼마나 복잡하던지 그나마 나는 어느 정도 일본어 회화가 가능했고 읽을 수 있었기에 큰 탈 없이 지나갈 수 있었다. 하지만 만약 아무것도 모르는 상태에서

왔다면 생각만으로도 끔찍하다. 내가 다닌 어학교는 '엔젤루트'에서 추천해 준 '타가다 노바바(高田馬場)'에 있는 'ISI 일본어 학교'였는데, 이 학교는 외국인도 많고 규모도 크고 대학과 대학원 진학반이 있었다. 나는 일본어 2급 자격증을 소지하고 있었기에 상급반으로 배정되었다. 내가 있던 반은 25%는 한국인이었고 나머지 70% 와 5%는 중국인과 그 외 나라 사람들이었다. 진학반이었기에 대부분 20~23살이었고 당시 29살이었던 나는 두 번째로 나이가 많았던 것 같다. 그렇게 일본대학원 진학을 위해 일본에 공부하러 왔는데 오히려 한국에서보다 공부가 더 되지 않았다. 오히려 새로 친해진 외국인 친구들과 놀러 다니기에 바빴다. 어느 날 이렇게 해서는 진학을 할 수 없다는 엄청난 두려움이 찾아왔다. 속이 너무 답답했고, 어지러움이 생기는 날도 많아졌다. 그러던 중 우연히 '자기 계발' 유튜브 채널을 봤는데 그때 처음 '메타인지 '를 접

했다. 이것이 앞에서 인문학을 통해 찾아왔던 것이 첫 번째 충격이라면 이번 '메타인지'는 두 번째 찾아온 충격이었다. 그렇게 일본에 온 지 단 두 달 만에 진학을 포기하고 취업으로 방향을 틀게 된다.

방향을 잃고 책을 만나다: 도쿄에서의 두 번째 시작

취업을 준비함과 동시에 다시 독서를 하기 시작했는데, '자기 계발'과 '성공학' 분야 위주로 읽었다. 일본에서 처음 읽었던 책인 『세상에서 가장 발칙한 성공 법칙』은 새벽에 깨달음을 얻어 춤추며 책을 읽었던 그 시기의 희열을 다시 한번 느끼게 해주었다. 『습관의 힘』, 『1만 시간의 재발견』, 『기브앤테이크』, 『언제 할 것인가?』, 『데일 카네기 인간관계론』 등을 닥치는 대로 읽었고 동시에 아웃풋으로 서평을 쓰기 위해

블로그도 시작했다. 2년이 넘는 시간을 투자했던 것을 포기하고 목표가 사라진 나에게 새로운 목표를 만들어 주었다.

새로운 목표가 생겼으니 마냥 행복할 것 같았지만 현실은 냉혹했다. 전공을 살려 들어갈 만한 분야가 없었다. 일본 취업도 한국 취업시장처럼 시즌이 정해져 있다. 그래서 도쿄대학을 비롯한 국립대를 중심으로 흔히 말하는 대기업과 같은 좋을 일자리를 꿰찬다고 했다. 그렇다고 일본 취업이 불가능하냐고 물으면 그렇지 않았다. 일본도 호텔, 음식점, 복지와 같은 저부가가치 산업은 일할 사람을 뽑지 못해 늘 인원이 부족한 상태였다. 이런 곳은 상대적으로 임금이 값싼 동남아시아 사람들, 혹은 일본에서 비자 받기 어려운 외국인들이 그 자리를 메웠다. 물론 일본에서 대학교를 나온 사람 혹은 상대적으로 일본어 사용 비중이 적은 IT 업계 혹은 기술직은 비자도 잘 나오기 때문에 취업이

쉽다.

유학생에서 세일즈맨까지: 도쿄에서 배운 삶의 수업

내가 다니던 일본어 학교 취업반도 한국인이 절반 이상 차지했는데 취업한 분야를 보면 대부분 호텔 프론트, 음식점 서빙, 외국인 취업센터 영업 등이 대부분이었다. 그중 소수는 일본 전문학교에 진학하여 회계 등을 전공하여 사무직으로 취업을 하는 경우도 있었다. 내가 전공한 국제통상학부도 사실 비자 받기는 쉽지 않은 전공이었기에 일본에서 취업하기 위한 새로운 길을 찾아야 했다. 그때 눈에 들어온 게 바로 코딩이었다.

IT업계가 붐이 일어나 점점 영향력이 커지고 있던 시기였기에 일본 취업하기 가장 쉬운 방법이 코딩을 배워 취업하는 것이었다. 그러나 나는 코딩이라는 것을 살면서 한 번도 해본 적이 없었기에 어떻게 시작해야 할지 몰랐다. 그래서 일단 방학기간 동안 코딩과 관련된 것을 찾아보고 공부하기로 했다. 이렇게 역경을 이겨내는 듯 했지만 빈 통장 잔고가 나를 반겨왔다.

유학생 신분이 가장 큰 흠은 일본에서 공부하기 위해 입국했기에 일해서 돈을 벌 수 있는 시간이 굉장히 제한되어 있다. 내 기억으로 주 28시간으로 기억하는데, 이 시간을 초과하면 비자 갱신 제한이나 최악의 경우 귀국 조치를 당할 수 있다. 그래서 일본어도 배우면서 시급이 높고 시간을 짧은 아르바이트가 없을까 해서 찾아보다가 일본인에게 한국어를 가르쳐주는 아르바이트를 발견하고 지원해 보았다. 하지만 면접 또는 서류에서 계속 탈락의 고배를 마셨다. 그러던 중 우연히 '동유모(동경유학모임)'라는 카페에서 '백세주재팬'에서 영업 인턴을 모집하는 공고를 보았다. 주 3일 근무 1시부터 6시까지 5시간 근무에 월급이 10만 엔을 준다는 내용이었다. 돈이 궁했던 나는 뒤도 돌아보지 않고 지원했고 심지어 합격해 버렸다.

합격 후 출근까지 1주일 정도가 있었는데 영업이라는 일이 처음이기도 했고, 옛날부터 '넌 영업하면 잘할 거야'라는 이야기를 들었기에 정말 성과를 낼 수 있을지 궁금했다. 그래서 가장 먼저 한 일은 상권과 식당을 이해하기 위해 김영준 작가의 『골목식당 전쟁』이라는 책을 사서 읽었다. 이 책은 유행 아이템의 문제점, 창업 시 비용 구조, 프렌차이즈 산업구조 및 역사 등 외식업계의 흐름과 자영업을 이해하는 데 상당히 도움되었다. 그렇게 일주일이 지나고 일본에서 처음 하는 출근이었기에 엄청나게 긴장했다. 거기다 생전 얼굴도 한 번 마주친 적 없는 가게에 들어가 영업을 시도해야 했기에 내성적인 나에게는 정말로 힘든 도전이었다. 첫 출근 날 도쿄의 한인타운이라 불리는 신오쿠보 '장터'라는 곳에서 선배를 만났고, 국순당 막걸리가 어디에 진열되는지 최근에 인기 있는 제품이 무엇인지 제품의 특징이 무엇인지 등을 교육받았다. 그리고 각종 POP 자료와 가게에 전달할 잔과 앞치마를 받았다.

나를 팔지 못했던 내가, 막걸리를 팔기 시작했다

선배가 비록 첫날이지만, 한 번 아무 가게나 들어가서 영업을 해보라고 했다. 하지만 내용도 잘 숙지 되지 않았던 상태에서 영업 멘트도 준비하지 못했던 터라 결국, 혼자서 들어가지 못하고 선배와 함께 가게에 들어갔다. 그렇게 길었던 첫날 일정이 끝났다. 집으로 돌아가는 길에 참 많은 생각이 들었다. 처음 신어 본 구두가 안 맞았던지 뒤꿈치와 새끼발가락이 모두 까져 양말은 피로 물들었고, 계속 신오쿠보를 돌아다녔던 탓에 몸은 녹초가 되었다. 그리고 모르는 가게 들어가서 영업할 생각에 걱정이 이만저만이 아니었다. 하지만 돈을 벌어야 했기에 다른 방법은 없었고, 계획형(J) 답게 영업할 때 사용할 멘트를 여럿 만들어 두고 잠자리에 들었다.

다음 날 신오쿠보로 출근하는 중에 선배에게서 연락이 왔다. 1~2주 정도는 바빠서 내가 있는 현장에 나올 수 없다는 이야기를 전해 들었다. 그리고 적어도 하루에 최소 10곳 정도는 방문하고 보고서를 작성하여 일이 끝나고 보고하라는 임무도 받았다. 그렇게 일을 시작한 지 2일 차 만에 혼자서 영업하게 생긴 것이다. 머리가 하얘졌다. 그리고 내가 만들어 둔 영업 멘트를 외우기 시작했다. 그리고 처음으로 도전한 가게가 '홍대 곱창고'라는 가게였다.

이 첫 가게에 들어가기까지 1시간이 정확히 한 시간이 걸렸다. 그 가게 옆에 자판기에서 멘트부터 들어갈지 말지를 정하는 데까지 1시간이나 걸렸다. 그리고 정말 큰마음을 먹고 들어가서 "안녕하세요, 국순당에서 왔습니다. 혹시, 사장님 계세요?"라고 종업원에게 물었고 "없다"라는 대답 한 마디를 듣고 다음에 다시 온다는 말과 함께 가게에서 나왔다. 한 시간을 고민해서 들어간 가게에서 30초도 안 돼서 끝났다. 이렇게 빨리 끝나는 걸 왜 이렇게 고민했는지 하며 멋쩍게 웃었다. 그 뒤로 여전히 쉽지 않았지만 하나둘씩 가게로 들어가 영업을 진행했다.

도쿄 영업일기: 무너진 목표와 피어난 실적

그러나 내가 혼자서 진행한 1~2주는 거의 가게 사장님들에게 나를 알리는 일이었다. 신오쿠보에는 가게가 수백 개가 있기 때문에 일일이 방문하는 것만 해도 시간이 상당히 소요되었다. 영업이라기보다는 인사치레 내용들만 전달했기에 영업이 진행되는 건 없었다.

하지만 그렇게 하면 안 되었다. 선배로부터 가게에 들어갔을 때 경쟁업체, 우리 물품이 어디에 진열되어 있는지, 요청 사항은 없는지, 왜 타사 제품을 쓰는지 등여러 정보를 물어보고 조사해야 한다고 피드백을 받았다. 그래도 2주 정도 가게를 돌며 인사를 해두었던 덕분에 여유가 생겨 시장 조사를 하는데, 훨씬 수월하게 진행할 수 있었다. 그리고 일 한 지 한 달 만에 '헤란(ヘラン)' 가게에 '바나나 막걸리' 영업에 성공했다.

사실 어떻게 영업에 성공했는지 잘 모르겠다. 다만 가게 주인들은 그때 치즈 닭갈비 유행과 그것과 어울리는 일본 여성들이 좋아할 만한 달콤한 막걸리를 찾고 있었다. 나는 바나나 막걸리가 제격이라 판단했기에 바나나 막걸리를 제안했고 그것이 통했던 것 같다. 그때부터 5개월간 운이 좋았던 건지는 모르겠지만 거의 매달 실적을 올리는 성과를 냈다. 3개월 차 정도 되었을 때 지금까지 회사에서 한 번도 뚫어본 적 없는 가게를 내가 뚫어내는 성과를 냈다. 그 가게는 신오쿠보 중심 거리(이케맨 도오리)에 가게가 4개나 있었고, 우에노에도 1개가 있었다. 그 5곳을 내가 한 번에 뚫어낸 것이다. 게다가 백세주를 제외한 전 제품을 모두 집어넣었기에 엄청난 성과였다. 그래서 인턴 처음으로 백세주재팬 사장님에게 칭찬을 받았고, 나에게 큰 성과를 안겨준 가게에서 회식을 할 수 있는 영광도 얻었다.

말보다 행동: 성실이라는 전략

이러한 성과에도 나는 이런 성과가 사실은 이해가 안 되었다. 영업 멘트가 화려했던 것도 아니고, 그렇다고 국순당 막걸리가 뛰어나긴 했지만, 다른 경쟁 제품보다 압도적인 것도 아니었다. 게다가 신오쿠보에서 식당 일을 한 적도 없었기에 당연히 사장님과 친분이 있던 것도 아니다. 너무 궁금했던 나머지 최고의 성과를 낼 수 있게 해주신 점장님을 찾아가 "사장님, 제가 뭣 하나 제대로 해드린 것도 없고, 아직 일을 시작한 지 얼마 되지 않은 햇병아리의 불과한 저에게 왜 이렇게까지 해주셨는지 궁금합니다"라고 물었다. 그 점장님께서 웃으시더니 "자기가 되게 성실하고 착해 보였어요."라고 딱 한 마디 해주셨다.

착해서 해주었다니 답변을 듣고서도 이해가 되지 않았다. 결국 이해하지 못한 채 5개월 간 일을 지속했다. 회사에서 대리급 영업사원이 퇴사하는 시기와 맞물려 한국 시장을 현재 가장 잘 알고 있고 성과도 있었기에 비공식적으로 정규직 제안이 왔다. 하지만 영업보다 하고 싶은 일이 있다고 거절했다. 실제 앞으로 IT 분야로 진입하는 게 바른 방향이라 생각했고, 내부 인간관계 문제로 인해 그 회사에서 일을 더 이상 일을 하고 싶지 않았다. 또 우연인지 모르겠지만 인턴을 그만두기로 한 20년 1월 코로나가 터졌다.

　일본에서 했던 영업이 내가 살면서 처음으로 눈으로 확인해 본 성과다. 사실 친구들에게 '넌 영업을 잘할 거야'라고 말만 들었지, 누군가 내 말을 듣고 물건을 사줄 거라곤 생각도 못 했다. 돌이켜보면 작은 행동들이 이 성과를 만들어 낸 것 같다.

　첫 번째로 모든 가게를 방문하며 경계를 낮추고 내 이야기를 들어줄 수 있는 환경을 만들었다. 두 번째는 타사에 비해 제품이 좋다고 생각했기에 비록 가격은 있을지라도 고객에게 제대로 된 물건을 제공한다는 자신감이 있었다. 세 번째는 가게에 방문하면 점장님들의 성향과 음료 냉장고에 비치된 막걸리 브랜드와 브랜드를 바꾼 계기와 시기 등의 정보를 기록하고 정리하여 영업 가능성이 높은 가게 중간 정도 가게 그리고 낮은 가게를 세분화하여 거기에 맞게 영업 방식을 정해 진행하였다. 마지막으로 제품을 단순히 판매하기보다는 자영업자를 이해하고자 하는 마음을 가장 기본으로 일에 임했다.

나의 단점이 성과의 무기가 되기까지

물론 성과가 단순히 이러한 행동을 했다고 이뤄지는 건 아니다. 운, 실력, 시간, 행동, 전략, 팀워크, 성향, 이미지 등 다양한 요소가 복합적으로 어우러져 나타나는 것이 성과지만 내가 했던 작은 행동이 없었다면 아무 일도 일어나지 않았을 것이다. 그리고 이 성과를 통해 지금에 와서 가장 크게 깨달은 것은 '착하다'라는 이미지가 다른 사람은 몰라도 내가 어떤 일에 성과를 내는 데 굉장히 장점이라는 사실이다. 과거에는 '착하다'라는 이미지가 싫었다. 나는 착한 사람도 아니고 착하면 어리숙하고 다른 사람에게 잘 속는다는 이미지가 강했기 때문이다. 하지만 내가 가진 어투, 역양, 행동, 표정 등이 다른 사람에게는 선한 이미지를 제공했고, 그게 신뢰를 준다는 사실을 알게 되었다. 이 이미지가 때로는 내가 한 행동보다 더 크게 작용해 보다 좋은 결과를 가져다주기도 했다. 즉, 단점이라 생각했던 것이 상황에 맞게 잘 활용한다면 오히려 장점으로 작용할 수 있다는 사실을 알게 되었다.

08화. 개발자

08화. 개발자 - 현실에 대하여

백세주재팬에서 했던 주류 영업일은 일본에서 살아남을 돈이 필요했기에 한 것이고, 운이 좋아 성과까지 얻을 수 있었다. 그러나 나의 궁극적인 목표는 일본에서 취업하는 일이었다. 그래서 일과 취업 준비를 병행했다 오전에는 일본어 학교 취업반에서 취업 준비를 했고 오후에는 영업일을 했다. 이것이 가능했던 까닭은 내가 했던 일은 사실 아르바이트였기에 5시간씩 주

3일밖에 일을 하지 않아 취업 준비할 시간이 넉넉했다.

살아남기 위해, IT라는 새로운 문을 두드리다

일본 하반기 취업 시즌은 보통 9월부터 시작한다. 나는 그 시기에 맞춰 취업박람회 등 다양한 프로그램에 참여했다. 외국인으로서 특별한 기술이나 일본에서 대학교를 나오지 않으면 대부분 호텔, 음식점, 해외 HR 영업 등 저부가가치 산업에 주로 종사할수 밖에 없다. 이런 기업은 아무래도 비자도 짧게 나오고 급여도 많이 짰다.

나도 처음에는 이 분야에 이력서를 낼 수밖에 없었다. 아무런 기술도 없고 외국에서 살아남기 위해서는 반드시 비자가 있어야 했기 때문에 유학비자가 끝나기 전까지 연장이 필요했다. 하지만 빈번히 서류 탈락과 면접 탈락의 고비를 맛보고 방향을 틀었다. 그것이 바로 IT분야였다. 당시 IT 붐이 불기 시작했고, 일본에서도 IT 쪽은 비자가 잘 나왔다. 게다가 일본에서는 일하면서 꼭 써야 하는 비즈니스 일본어를 반드시 구사하지 않아도 되기에 이만한 업종은 없었다. 그리고 앞으로 내 미래를 위해서도 IT를 하면 밥벌이가 될 거로 생각했다.

하지만 IT를 갑자기 하려고 하니 지금까지 한 번도 해본 적도 없는데 어떻게 시작할지 알 수 없었다. 그래도 사람은 다 똑같다. 나도 남들처럼 검색과 책을 사보기 시작했다. 코딩에는 어떤 언어들이 있고 언어마다 어떤 장단점이 있는지 또 빅데이터 시대에 적응하기 위해서는 통계를 사용해 유용한 언어를 배워야 한다며 파이선 을 할까, R을 할까 하며 한참을 고민했다. 지금 돌이켜 보면 아무것도 할 줄 모르는 데 미래를 상상하며 최상의 선택을 하려고 하니 현실을 참 모르고 살았다는 생각이 든다.

시험 체질이 아님을, 그제야 인정하다

그렇게 고민 끝에 누가 한국 사람 아니랄까 봐 한국 사람이라면 취업에 필수 코스 중 하나인 자격증 루트를 선택한다. 내가 노렸던 자격증은 오라클 마스터 브론즈 자격증과 정보처리기사 그리고 토익이었다. 나는 이것들을 준비하며 중간에 IT 신생 기업에 이력서를 내곤 했다. 아무 자격도 코딩도 못 하는 나에게 면접 기회가 주어지는 걸 보고 앞서 말한 자격증이 있다면 합격은 따 놓은 당상이라 생각했다.

하지만 제일 중요한 것을 간과했다. 내가 예전부터 시험공부를 정말 못한다는 사실이다. 특히 오랫동안 집중도 못 하고 모르는 것을 넘어가질 못해 책을 끝까지 못 보거나 시험 때 시간이 부족한 것이 부지기수였다. 결국 일본에서 아무 자격증도 따지 못한 채 코로나 시기와 맞물려 한국으로 귀국했다. 하지만 일본에서 실패했음에도 코로나 시기와 맞물린 상황 속에서 IT에 대한 내 생각은 오히려 더 확고해졌다. 비대면 시기에 IT가 정답이다. 내 판단은 틀리지 않았고 이게 현실이라며 내 자신을 세뇌했다. 결국 코로나 시기에 소상공인진흥공단 알바와 일본에서 모아둔 돈을 들고 서울에 있는 코딩을 정말 힘들게 가르쳐 준다는 학원에 등록했다.

그렇게 코로나 절정기인 20년 12월에 서울로 향했다. 코로나가 너무 심해진 터라 오프라인 수업은 불가능했고, 심지어 카페에서도 음료 취식을 금지했다. 그래서 서울 거리를 걸으면 카페 테이블 위에 의자가 놓여 있는 모습을 쉽게 볼 수 있었다. 정말 큰마음 먹고 올라왔는데 비대면 수업에 밖에 하지 못하는 현실과 돌아다닐 수 없는 환경에 실망도 했지만, 한편으로는 코딩을 배우는 데 꼭 대면일 필요가 있냐며 자신을 위로했다. 나는 사당역 근처에 있는 3평 정도 되는 작은 고시원에 살았는데 고시원 월세가 무려 50만 원이나 했다. 대구에서 처음 올라왔던 나는 서울 물가에 정말 깜짝 놀랄 수밖에 없었다.

30살, 독한 선택의 시작

2020년 12월 9일 그렇게 그리던 대망의 첫 수업이 시작했다. 내 기수에 담당을 맡았던 사람은 기계 인간이라고 불리는 사람이었다. 정말 토씨 하나 틀리면 안 되고 정확하게 대답하지 못하면 엄청나게 혼내는 스타일이었다. 반대로 보면 그만큼 꼼꼼하다 할 수 있다. 첫 수업에서는 가벼운 오리엔테이션과 함께 첫 주차 미션이 주어졌다. 그건 바로 일정 액수 안에서 컴퓨터 부품을 구성해 보고 어떤 목적에서 구성했는지, 왜 그렇게 구성했는지, 각 부품이 어떤 역할을 하는지 등을 한 명씩 발표해야 했다. 1주 차 과제는 혼나긴 했지만, 어찌저찌 해결했다. 하지만 그날도 해당 기수에 사람들 전부 엄청나게 혼났기 때문에 2시에 시작한 수업이 12시가 다 되어서 끝났다. 실제 수업 내용보다도 혼난 기억밖에 나지 않는다.

2주 차 과제는 변수와 조건문을 통해 자기가 주제를 정하고 거기에 대한 답변이 나올 수 있게 구성하는 것이었는데 자유주제지만 조건들이 까다롭게 걸렸던 걸로 기억한다. 여기 수업 스타일이 많이 가르쳐 주는 게 아니라 아주 기초만 알려주고 독학과 질문 그리고 검색을 통해서 스스로 알아내서 만들어야 하는 방식이었다. 내가 이러한 방식의 학원을 등록한 것은 나를 통제해 주는 사람이 있으면 제대로 공부하지 않을까 하는 생각에 혹독하게 나를 대하는 방식을 택했다. 거기다 30살에 시작한 도전이었기에 이제 실패하면 절대

안 된다는 생각이 뿌리 깊게 자리 잡았다. 그래서 2주차 과제를 하기 위해 정말 애썼다. 살면서 이렇게 공부해 본 건 처음이었다.

샤워하면서도 쉴 때도 문제를 어떻게 해결할지 고민을 계속하고 검색하고 정말 내가 할 수 있는 모든 노력을 다했지만 풀리지 않았다. 질문해도 무엇을 모르는지 정확히 모르니 제대로 된 답변도 받을 수 없었다. 제일 힘들었던 것은 그렇게 시간을 쓰고 정말 최선을 다했는데 아무런 결괏값이 나오지 않는다는 사실이었다. 그리고 수업 시간은 다가왔다. 그리고 기계 인간이라 불리는 팀장에게 혼날 생각 하니 엄청난 불안감이 엄습해 왔다. 그래서 노력이 부족하다고 생각해 하루에 16시간 이상을 갈아 넣었다.

그리고 수업하기 하루 전날 몸에 이상이 왔다. 두통은 너무 심하고 머리가 어지러워 계속 구역질을 하기 시작했다. 그리고 몸이 허약해져서 그런가 하고 기운 보충을 위해 양념치킨을 시켰는데 쓴맛이 강하게 나서 다 토하고 말았다. 심지어 먹는 것마다 토하기 시작했다. 결국 새벽 5시에 몸이 아파 수업 참가가 어렵다는 카톡을 보내고 병원을 갔다. 그리고 현 상태로는 수업을 계속 이어 나가기 어려울 것 같아 해당 학원에 있는 유급 제도를 이용하여, 한 달 뒤에 새 기수로 다시 수업을 듣기로 했다. 휴식을 취하니 점점 상태가 나아져 다시 수업을 들을 수 있는 상태가 되었지만, 앞에 아팠던 경험을 바탕으로 이번에는 휴식을 병행하며 진행했다.

하지만 3주 차부터 난이도가 높아지기 시작했고, 조금씩 다시 아프기 시작했다. 난이도가 얼마나 어려웠냐면 3주 차에 반복문을 배웠는데 코딩으로 스도쿠를 만들어 오라고 했으니 말이다. 5주 차까지 커리큘럼대로 가르쳐 준 내용을 바탕으로 한 하나의 프로젝트를 완성해야 다음 반으로 넘어갈 수 있는데 1주일에

한 번 배워 나머지는 독학으로 해내려고 하니 나에게
는 너무나 버거웠다. 그래도 최선을 다하려고 수업이
끝나고 다음 주에 설날도 끼어 있으니, 집으로 내려가
계속 코딩을 했다. 그런데 그전에 나타났던 현상이 다
시 점점 생기기 시작했다. 병원에서 받은 진통제를 먹
어도 도무지 말을 듣지 않았다. 병원에서도 그것을 그
만두는 것이 좋겠다고 권유했고 결국 설 연휴 중 부모
님과 상의 끝에 여기에서 멈추기로 했다.

나를 잃고, 목표만 남았던 시간들

코딩은 정말 최선을 다했기에 후회는 없었지만, 나
이 30살에 마지막 도전이라 믿었기에 인생을 걸었던
것이 이렇게 두 달 만에 끝나버렸다. 세상은 정말 빠르
게 변하고 있다. 나도 그 속도에 맞춰보려 노력했지만,
결과는 실패했다. 그 당시 나에게 '30살'이라는 나이는

실패를 용납해 주던 시기인 20대가 끝나고 이제는 자리를 잡아 경력을 쌓기 시작해야 하는 나이였기에 누가 부담을 주지 않더라도 스스로 그렇게 옥죄었다. 그리고 내가 하고 있는 일이 그리고 지금 삶이 틀리지 않았다는 걸 다른 사람들에게 보여주고 싶었다.

그러한 환경은 내 시야를 가렸고 내가 만들어 낸 현실에 쫓긴 체 나를 내딘졌다. 정발 나를 위한 행동들 같았지만, '나'는 없었다. 그 이유는 외부의 사실과 상태들을 파악해 그것을 맞춰가려고 했지, 현재 '나'에 대한 사실과 상태를 파악해 본 적이 없었다. 내가 어떤 사람이고, 무엇을 할 수 있고, 어떤 환경에서 더 나은 성과를 내는지, 어떤 일을 하고 싶은지 등 전혀 고려하지 않았다. 그리고 목표만 있었지. 목적도 없었다. 단지 빠른 취업 가능하고 미래에 유망하다는 이유만으로 나에게 맞지도 않는 개발자를 선택하고 이것이 정답이라며 스스로 심리적으로 지배한 것이다.

단 하나의 목표만을 위해 달려온 사람이 그 목표가 사라져 버리면 극도의 허무주의가 찾아온다. 나 또한 그랬다. 흔히 말하는 '현타'와 동시에 말로 표현하기는 어렵지만 하늘이 없어진 느낌이랄까, 무언가 커다란 하나가 사라진 느낌이었다. 무엇을 해야 할지 어떻게 살아야 할지 막막했다. 또 일부러 아무 목표를 만들어내 다시 시작하기에는 몸도 마음도 지쳐버렸다. 기독교를 바탕으로 '신'이 중심이었던 시대에 니체가 "신은 죽었다" 표현이 그 당시 내 현실을 너무나도 잘 표현한 한마디였다. 나에게 절대적인 목표 혹은 존재라 생각했던 것이 죽어버렸다.

09화. 교육영업

09화. 교육영업 – 쓸모없다는 것에 대하여

그렇게 코딩을 그만두고 3개월 정도 회복을 위해 쉬었다. 쉬는 동안에는 등산 가거나 맛있는 음식을 먹거나 책을 읽거나 하며 아무 생각도 하지 않고 지냈다. 시간이 약이라 했던가 그렇게 아팠던 머리는 어느덧 아주 좋아졌고, 조금씩 머릿속에서는 생각이 스멀스멀 올라왔다. 이제 무엇을 해야 할지 어디로 취업해야 할지 고민은 했지만 깊이 생각지 않았다. 부모님도 더 쉬기를 바라셨고 나도 허무주의에 빠져 깊이 생각할 여력이 없었다.

생각은 멈추고, 몸부터 움직이자

그래서 일단 생각하지 말고, 알바든 뭐든 몸을 움직이면서 다음을 도모하기로 했다. 그래서 대구 청년 커뮤니티 사이트에 올라온 공고들을 살펴보고 지원했다. 지원한 기준은 아무래도 수입이 없다 보니 수입적인 부분을 보완 해줄 수 있으면서 취업 준비를 할 수 있는 프로그램을 중심으로 선택했다. 현재 기억으로는 세 가지 프로그램을 선택했던 것 같다.

하나는 진로 탐색형 프로그램인 '청년 학교 딴 길' 그리고 기자단 마지막으로 지역에서 청년 일자리를 연결해 주는 '예스매칭'이다. 이 중에서 기자단을 제외한

두 개 모두 합격했다. 나는 운이 늘 따른다고 생각하는데 '예스매칭'에 합격한 것도 사실 운이 좋았었다. 당시 여전히 코로나가 성행하던 시기였기에 예스매칭에서도 대부분 일자리는 디지털 관련 일자리였다. 그래서 마케팅, 디자인, 영상편집, 개발자 등이 주를 이루었다.

사실 나는 포토샵도 일러스트도 영상편집도 할 줄 모른다. 그래도 여러 직군 중 그나마 지원이 가능한 것은 디지털 마케팅 부문이었고, 그렇게 아기용품을 파는 회사와 매칭이 되어 면접 기회가 주어졌다. 하지만 나는 아기용품은 관심도 없었고 전혀 몰랐기에 무작정하는 것은 아니다 싶어 면접을 포기하겠다는 문자를 보냈다. 그리고 신청 당시 매칭이 되지 않을 때 청년센터에서 내 이력서를 보고 가장 맞는 기업과 재매칭해주는 체크란이 있었다. 다행히도 거기에 체크를 해두었던 덕분에 한 번 더 매칭이 진행되었다.

포기했던 코딩, 나를 다시 일으키다

어느 날 부재중 전화 한 통이 남겨져 있었다. 혹시나 하는 마음에 전화를 걸었다. 그 전화의 주인공은 내가 일하게 될 회사의 대표님이었다. 이력서를 보고 전화를 했다는 것이다. 그래서 이런저런 이야기를 하다가 전화한 까닭은 과거에 코딩 공부를 한 이력이 있어 자기네 회사에서 일해보면 괜찮을 것 같아 전화했다고 했다. 중도 포기한 코딩학원 이력이 이렇게 쓰일 줄 정말 몰랐다. 그렇게 면접을 보고 6월부터 출근하게 된다.

내가 일 경험으로 들어간 회사는 코딩 교육을 위한 교구와 교육자료 제작하고 그것을 바탕으로 교육하는 코딩교육회사였다. 스타트업이었기에 대부분 젊은 인력으로 구성되어 있었고, 심지어 대표마저 나와 나이가 같았다. 나는 여기에 있는 교구와 코딩을 익혀 초,

중,고에 출강하여 코딩 수업을 진행하는 팀으로 배정되었다. 교육회사다 보니 대부분 여성분이 많았고 남자분들은 몇 분 계셨지만 대부분 개발팀에 소속되어 있었다.

나는 교육팀이었기에 남자는 나 하나였고 내가 상대적으로 나이도 많았기에 사실 어떻게 적응해 나갈지 조금 걱정했다. 하지만, 팀장님과 나와 같은 프로그램으로 3개월 먼저 들어온 선생님이 계셔서 친절하게 잘 알려주셨고, 그밖에 다른 부서 팀원들도 잘 대해 줬기에 회사에 큰 문제는 없었다. 그때 당시는 나에게 큰 문제가 있다는 걸 전혀 몰랐다. 여기에서 진행하는 코딩은 내용이 저학년 교육용이기 때문에 어려운 코딩은 진행하지 않았다. 그래도 조금이지만 2개월 정도 했다고 배워서 진행할 수 있을 정도의 수준은 되었다. 하지만 문제는 내 성격과 가치관이었다.

교육이란, 아이들을 속이지 않는 일이다

무언가 교육을 하는 데 있어 전문가 수준의 지식이 있어야 하는 것은 아니지만 최소한 전체적인 이해도와 기본기를 가지고 있어야 한다고 생각한다. 그래서 꼭 교수가 아니더라도 그런 이해도가 있는 사람이라면 과외나 강연 등을 충분히 할 수 있다고 생각한다. 그러나 이러한 것들이 전혀 갖춰지지 않은 채 공장에서 찍어낸 듯한 얕은 지식으로 그 순간만 모면해 나가는 식의 강의는 나는 선호하지 않는다.

물론 이렇게 시작하여 위에서 언급한 수준으로 넘어가는 사람도 있다. 그리고 저런 방식이 필요한 곳들도 존재한다. 그래도 나는 최소한 기본기도 갖춰지지 않은 채 학생들을 가르친다는 것에 대해 그 학생들을 속이고 나 스스로 속이는 느낌이 들어 도무지 아이들을 가르칠 수 없었다. 코딩이야 반복적으로 익혀 실행

시키는 것을 이해하고 가르쳐 줄 수 있다. 하지만 나는 코딩 실행과 관련된 질문 외에 내용에 대해서는 답변할 수도 없고 또 어떤 메커니즘이 작동하는지 또 확장은 가능한지 꼭 지식이 아니더라도 아이디어나 스스로 생각을 도울 수 있는 역할을 전혀 해줄 수가 없었다.

나는 교육보다는 그냥 주어진 시간을 보내기에 급급했다. 물론 나와 같은 환경에 놓인 선생님들이 전부 그러한 마음을 가지고 수업에 임한다는 뜻은 아니다. 그러나 아이들에게 좋은 마음을 가지고 있더라도 교육은 잘하는 것은 다른 문제다. 선한 마음을 가지고 했다고 모든 행동이 좋은 행동이 아니듯이 교육 또한 교육자라면 교육을 잘하는 것이 가장 기본이라 생각한다.

완벽주의, 나를 다시 무너뜨리다

이러한 가치관은 나의 완벽주의 성향에 의해 나타

난 가치관이라 생각이 든다. 완벽주의적 성향이 여기에 일을 할 때도 여실히 드러났다. '4차 산업혁명'과 '디지털 리터러시'와 관련해서 정확히 기억은 나지 않지만 각 3시간 이상 수업을 진행할 수 있는 자료를 만들어야 했다. 나는 디지털 리터러시 영역을 맡았는데 아무리 자료를 찾아도 내용이 명확하지 않아 이해도 되지 않았고, 더 나아가 내용이 없는데 3시간 정도를 진행해야 할 자료를 만드는 게 너무 어려웠다.

당시 회사는 6시 퇴근이 아주 잘 지켜지는 회사였는데, 완벽히 잘 해내고 싶다는 마음에 야근도 하고 심지어 집에서도 새벽 2~3시까지 작업하고 주말까지 혼자서 작업을 했지만 완성하지 못했다. 피드백 없이 내 마음대로 진행한 것도 아니다. 모르면 빨리 피드백 받는 것이 좋다고 생각해서 피드백을 받았지만, 뱃사공이 많으면 산으로 간다고 스타트업이었기에 피드백을 주는 사람마다 의견이 전부 달라 통일성이 없었다. 결국 1주 넘게 계속 진행하다 보니 코딩 때 왔던 그 증상이 다시 재발해버렸다. 결국, 그 일은 다른 사람이 맡게 되었고 증상이 재발해 더 이상 진행하기 어렵다고 판단해, 한 달 만에 퇴사하기 위해 팀장에게 면담을 요청했다.

팀장은 퇴사한다는 말에 깜짝 놀랐다. 그렇게 힘들어하는지 몰랐고 또 코딩도 빨리 배워서 잘 적응하고 있다고 생각했었다고 했다. 게다가 내가 만든 자료를 교육카페에 올렸는데 반응이 좋았다고 알려줬다. 그래도 교육에 대한 가치관 때문에 어렵다고 판단이 든다고 이야기를 전하다 대표와 면담을 했다. 대표도 팀장과 같은 말을 했다. 코딩을 빨리 적응해서 좀 놀랐는데 갑자기 나간다고 해서 좀 아쉽다면서, 교육 업무 말고 다른 업무를 해보는 게 어떻겠냐고 제안을 했다. 그렇게 설득을 통해 교육 영업 일을 해보기로 했다.

나는 회사에서 '쓸모 없는 사람'이었다

이곳은 스타트업이기에 이사와 대표가 영업을 도맡아서 하고 있었다. 그래서 사실 내가 그 역할을 받아서 하기에는 이해도가 없었고 코로나가 심해 영업을 하러 누구를 만나러 갈 수 없는 상황이었기에 'TM'과 'DM' 영업을 맡아서 하기로 했다. 내 할 일은 전국 교육청 디지털 교육팀과 초, 중, 고 과학 담당 선생님들에게 전화하고 카탈로그를 보내주겠다는 내용과 함께 영업을 진행하는 것이었다. 살면서 모르는 사람들에게 그렇게 전화하는 게 처음이었기에 또 국순당 영업을 했던 때의 겁쟁이 성격이 다시 스멀스멀 올라왔다.

첫 전화를 하는 데 무려 40분이 걸렸다. 할당량이 있는데 어떻게 채우지, 하며 또 힘든 시간을 보냈다. 오전에는 전화할 학교와 교육청 전화번호 목록을 정리하고 오후에는 전화하고 보낼 곳을 점검했다. 그리고 한 달 정도 시간이 지난 후 몇천 개나 되는 카탈로그를 보내기 위해 우편 작업을 시작했다. 단순 업무였기에 일 자체는 그리 힘들지 않았다. 하지만 교육팀으로 들어와 교육도 못 하고 말하는 걸 좋아하는데 그걸 쓸 곳이 전혀 없었다. 그렇다 보니 회사 내에서 별 쓸모가 없는 사람이었다.

9시부터 6시까지 5개월 동안 9시간이 그렇게 길게 느껴졌던 적이 없다. 그렇다 남들이 말하는 1인분을 전혀 못 하고 있었다. 지금 시선에서는 저 때로 돌아간다면 DB를 구축하고 강의 요청률 등을 분석하며 여러 실행 방법을 제안하며 일했겠지만, 그때 당시에는 전혀 생각 못 했다. 그렇다고 이렇게 더 이상 시간만 흘려보낼 수 없었다. 내가 할 수 있는 일이 무엇일지 고민했고 결국, 과거에 경험했던 일 그리고 성과가 있었던 일 돌아갈 수밖에 없었다. 그것은 주류영업이었다. 어차피 할 거 식품 영업을 해보자 결정했고 식품 대기

업에 들어가기 위해 회사에 다니며 유통관리사 자격증

부터 취업 준비를 하기 시작했다.

질문 PART 3.

[질문 05.] 재능 – 단순한 '잘함'이 아닌, '어떤 방식으로 잘하는가'

"넌 뭘 잘해?"

이 질문은 의외로, 좋아하는 걸 묻는 말보다 더 어렵다. 나는 한때 "글을 잘 써요"라고 말한 적이 있었다. 그런데 그 말이 늘 어딘가 모르게 허전했다. 정확히 말하자면 나는

– 사람의 이야기를 받아 적고 정리하는 걸 잘했고,

– 딱딱한 정보를 부드럽게 풀어 쓰는 걸 좋아했고,

– 한 문장을 여러 방식으로 바꿔보는 집요함이 있었다.

그런데 이걸 그냥 "글을 잘 써요"라고 뭉뚱그리면, 내 강점이 사라진다. 누군가는 숫자에 강하다고 말한다. 그런데 그게 수식을 빠르게 푸는 건지, 구조화해서 설명하는 건지, 아니면 시각화하는 능력인지에 따라 완전히 다르다.

재능은 "무엇을 잘하느냐"보다 "어떤 방식으로 잘하는가"를 말해줘야 비로소 쓸모가 생긴다. 나는 요리를 잘한다고 말하는 친구가 있었다. 그런데 그 친구는 절대 새로운 요리를 시도하지 않았다. 대신, 정해진 레시피를 정확히 재현하는 능력이 탁월했다. 반면 나는 재료를 있는 대로 섞고 새로운 조합을 실험하는 걸 좋아했다. 실패도 많았지만 가끔은 정말 맛있는 메뉴가 튀어나왔다. 둘 다 '요리를 잘한다'라고 말할 수 있지만, 잘하는 방식은 정반대였던 셈이다.

우리는 종종 '잘한다'라는 말을 너무 빠르게, 너무 넓게 사용한다. 그래서 그걸 자기 것으로 만들지 못하고, '나도 그걸 잘해야만 한다'라는 착각에 빠진다. 재능은 비교가 아니라, 자신만의 방식으로 정의할 때 비로소 살아난다.

"나는 말주변이 없어."

라고, 생각했던 시절이 있었다. 하지만 돌이켜보니, 나는

　　- 다수 앞에서 유려하게 말하진 못하지만,

　　- 한 사람을 천천히, 진심을 담아 설득하는 데 강했

다.

'말을 잘하는 사람'이라는 정의를 바꾸자, 나도 그 안에 포함될 수 있었다. 그러니 우리는 이렇게 물어야 한다.

"나는 어떤 방식으로 뭔가를 잘하고 있는가?"
"그 잘함은 어디서 나오는가?"

단순히 '무언가를 잘한다'라는 사실보다 중요한 건, 그 재능이 나의 어떤 감정이나 욕구, 맥락과 연결되어 있는가를 아는 일이다. 예를 들어,

– 사람을 웃기는 걸 잘하는 사람은, 사실 긴장을 풀고 싶은 욕구에서 출발했을 수도 있다.
– 일정을 관리하는 걸 잘하는 사람은, 예측 가능한

삶을 통해 불안을 줄이고 싶은 마음에서 그 능력이 길러졌을 수 있다.

그렇게 보면, 재능은 타고나는 것이 아니라 다듬어지는 것이다. 그리고 대부분의 재능은 '몰입했던 시간' 안에 있다. 내가 시간 가는 줄 모르고 집중했던 순간. 아무도 시키지 않았는데 자꾸만 해보고 싶었던 것. 그것이 곧, 나만의 재능이 뿌리를 내리고 있던 자리다. 그러니 누군가 "당신의 재능은 뭔가요?"라고 물으면, 이렇게 말해도 된다.

"아직도 정확히 뭔진 모르겠어요."
"하지만 이런 방식으로 뭔가를 할 땐, 이상하게 편안하고 오래 가더라고요."

그 감각이 있다면, 당신은 이미 '자기만의 재능' 위

에 서 있는 중이다.

또 한 가지 재능을 확인하려면 '아웃풋'이 필요하다. 다시 말해, 내가 무언가를 잘한다는 걸 확인하려면, 어떤 방식으로든 '결과물'이 나와야 한다. 이 아웃풋은 곧 생산성이라 할 수 있다.

생산성이란, 나의 정신적 · 육체적 노동을 투입해 무언가를 만들어내는 힘이다. 특정 행동(행위, 재화, 용역 등)에서 '투입량 대비 산출량'이 높을수록, 아웃풋이 잘 나온다고 할 수 있고, 이는 곧 그 행동에 재능이 있다는 증거가 된다.

예를 들어보자. 나는 영어 단어를 1분에 300개 외울 수 있다. 반면 평균적인 사람들은 1분에 200개 정도를 외운다고 하자. 그렇다면 영어 단어 암기라는 행동에 있어서 나는 산출량이 높은 편이고, 이는 내가 그 일에 재능이 있다는 신호일 수 있다.

하지만 "나는 자전거에 재능이 있어요"라는 말은 조금 모호하다. 구체적으로는 "나는 자전거 페달을 빠르게 밟아 빠른 속도로 달릴 수 있어요. 그래서 5km를 남들보다 1분이나 일찍 도착할 수 있어요"라고 말해야 비로소 그 재능이 보이고, 비교 가능해진다. 이처럼 재능은 막연한 '능력'이 아니라 특정 행동에서의 높은 아웃풋과 연결되어 있어야 진짜 의미가 있다.

하지만 재능이 있다고 '잘하는 것'이라 표현하기에는 단순하지 않다. 그 아웃풋이 어떤 결과를 내고 있고, 그것이 나에게 얼마나 자연스럽게 지속 가능한지를 살펴봐야 한다. 재능은 이처럼 아웃풋, 환경, 맥락, 목적에 따라 다르게 작동하는 속성이 있다.

* 나로 살기 위한, 다섯 번째 질문

1) 나는 뭘 잘한다고 느낄 때, 구체적으로 어떤 상황과 방식에서 그런가?

2) 내가 남들보다 쉽게 몰입하거나 오래 해내는 일은 무엇인가?

3) 지금껏 '잘한다'라고 인정받았던 경험을 더 세분화해 보면 어떤 강점이 보일까?

10화. 취준생

10화. 취준생 - 나이에 대하여

취준생이 어떻게 도전인지 이해가 안 갈지도 모른
다. 하지만 나는 일본에서 진짜 잠깐 취업 준비를 해본
것 빼고는 취업 준비를 한 번도 해본 적 없다. 심지어
그 흔하다는 토익시험조차 쳐 본 적 없으니, 대한민국
에서 취업 준비를 아예 안해 본 것과 마찬가지다. 한국
에서는 대학원을 다녔기에 취업 준비를 하는 것이 정
말 처음이기도 했다. 잡코리아나 대기업 공고를 보니

스펙이 어마어마했다. 나도 스펙을 준비하지 않으면 아무 곳도 지원하지 못할 것 같았다.

처음 해보는 진짜 '취준생' 생활

그래서 유통관리사부터 토익은 시간이 없으니, '오픽' 으로 대체하여 닥치는 대로 자격증을 먼저 취득하기 시작한다. 회사 계약기간이 끝나 퇴사 후 바로 오픽학원에 등록했다. 거기서 스터디 팀을 꾸려 오픽 공부를 했다. 당시 내가 다니던 학원에는 공기업을 준비하는 사람들이 많았는데 NCS 부터 전공 공부까지 전부 시험 준비를 하고 있었다. 나는 정말 취업 준비가 처음이었기에 그런 정보들을 알 수가 없으니, 오랫동안 공기업 취업 준비를 하는 친구에게 취업 준비를 어떻게 하면 되는지 물어봤다. 그래서 친구가 몇몇 유튜브 채널과 공고를 확인하고 준비를 할 수 있는 사이트들도 소개해 주었다.

각종 사이트에서 취업 관련 내용을 참고하던 중 질문 게시글들을 우연히 봤다. '지금 30살인데 취업에 늦은 나이인가요?', '33살에 퇴사 후 OO분야로 재취업할 수 있을까요?', '제 취업 스펙 좀 평가해 주세요' 등 다양한 질문들이 적혀 있었다. 대부분 나이, 필요 자격증, 학벌, 성적, 인턴 경험, 공모전 수상 경력, 면접 등에 대한 현 자신의 상황과 평가 그리고 무엇을 더 채워 나가야 할지에 대한 내용이었다.

나는 31살, 너무 늦었다고 믿었다

나는 그 질문에 비춰보았을 때 나이도 스펙도 내가 가고자 하는 식품 영업 분야의 경험도 역량도 전혀 없었다. 댓글들을 볼 때마다 나 자신이 매우 초라해졌다. 점점 '늦은 나이 첫 취업' 등에 대한 검색량이 늘어났고, 오픽 IH, 유통관리사 등을 취득했음에도 불구하고 당연한 것이라는 생각에 기쁘기는커녕 불안감만 커졌다. 사실 이 시기에 내 자신을 오히려 잘 파악하여 맞는 방향으로 노력을 기울여야 했다. 나는 그러지 못했다. 당시 나에게 제일 압박을 준 나이이기 때문이다.

당시 한국 나이 31살로 경력을 쌓고 돈을 모으고 결혼할 생각을 하니 늦어도 너무 늦었다고 생각했다. 그 나이는 100살 시대를 기준으로 봤을 때 도전이 언제든지 가능한 어린 나이다. 언제든 다시 준비해서 충분히 일어설 수 있음에도 불구하고 '나이'에 맞는 행동 강령을 보이지 않게 주입 받아온 곳에서 살아왔던지라 시대가 바뀌었음에도 이 나이에는 무엇을 해야 하고 어떻게 살아야 한다는 고정관념이 강했고, 주변의 평범한 사람들은 다들 그렇게 생각하고 이야기를 들으면 더욱 그렇게 빠지게 된다.

나 역시 다르지 않았다. 그렇게 취업 준비를 이어

가다가 연말에 친구들을 만났다. 이런저런 이야기를 하다가 내가 "야, 나는 결국 영업을 해야 할 것 같은데, 식품을 하는 게 맞을까?"하고 물었다. 친구들은 주류 영업 경험도 있고 하니 한 번 해보라는 답변을 줬다. 그런데 내가 다시 한번 "야, 어차피 파는 건 다 똑같은 데 다른 걸 팔면 안될까?"라고 하니 친구가 "그럼, 부가가치가 높은 걸 팔아봐"라고 대답했다. 그때 부가가치가 높은 걸 팔아볼까 하는 생각이 훅 들어왔다.

그리고 새해가 지나고 서울에서 헬스 트레이너로 일하고 있는 친구 집에 일주일간 머물면서 운동을 배울 기회가 생겼다. 그렇게 친구에게 운동을 배우며 서울에서 지내면서 그 친구와 여러 이야기를 나눴다. 그러다 내가 연말에 부가가치가 높은 걸 팔아보는 게 어떠냐고 다른 친구에게 의견을 들었다고 말했다. 그러자 친구가 부동산을 팔아보는 건 어떠냐고 물어봤다. 부동산이 부가가치도 높고 한국 자산시장에서 가장 큰

규모를 가지고 있으니, 돈이 되지 않겠냐고 하는 것이
다.

11화. 공인중개사

11화. 공인중개사 - 운에 대하여

앞서 봐 왔듯이 감정에 의한 결정을 내렸기 때문에 무엇부터 해야 할지 감이 잡히지 않았다. 역시 방법은 '책과 인터넷 검색' 밖에 없었다. 검색을 통해 해당 분야를 알아보던 중 상업용 부동산에 종사하고 있는 민성식 작가가 쓴 『부동산 직업의 세계와 취업의 모든 것』이라는 책을 보게 된다. 그때 처음 부동산에는 공인중개사 외에 다양한 분야가 존재한다는 걸 처음 알게 되었다. 그래서 나도 상업용 부동산 분야로 진입하는 것을 목표로 정했다.

메타인지는 없었다, 또 감정으로 시작했다

그러나 부동산과 관련해서 아무런 경험도 없던 나는 당장 할 수 있는 건 공인중개사 자격증밖에 없었다. 사실 자격증이 없어도 중개보조원과 같은 일을 할 수 있었음에도 하지 않았던 것은 중개보조원이 있는지도 몰랐고 상업용 부동산만 가려고 했기에 지원하지 않았다. 그렇게 공인중개사 시험을 도전했다. 이것은 지금 고백하자면 수많은 실패 경험 속에서도 여전히 메타인지가 전혀 되지 않은 도전이었다.

그 이유는 첫 번째 내가 시험공부를 잘 못하는 사실이다. 시험은 시간 안에 빠르고 정확하게 풀어야 하므로 완벽한 이해를 요하지는 않는다. 그런데 난 잘 모르면 못 넘어가는 성격 때문에 시간이 많이 소요할 뿐 아니라 끝까지 풀지도 못하는 경우가 많다. 두 번째는 시간이 많으면 공부할 줄 알았다. 이게 웬걸 오히려 반대였다. 시간이 많을수록 더욱 게을렀다. 그것은 공부하는 습관과 집중할 수 있는 시간을 길게 이어 나가는 훈련이 되어있지 않은 상태에서 아무리 시간을 많이 줘도 공부를 전혀 하지 않았다.

세 번째는 좋아하는 것 외에는 집중하는 시간이 짧다는 사실이다. 나는 시험공부만 하면 오래 집중을 못하고 딴짓을 엄청 많이 한다. 특히 스마트폰이 생긴 이후에는 이 증상이 더욱 심해졌다. 좋아하는 것은 몇 시간이 지나도 또 도착할 곳을 지났는지도 모를 정도로 몰입하지만 그렇지 않은 것에는 전혀 에너지를 쓰지 않는다. 이런 사실을 아는 사람이 어른들의 수능이라고 하는 공인중개사 동차 시험을 준비했으니, 과정이 쉽지 않았다.

시험을 잘 치는 사람들에게는 상대평가가 아닌 절대평가여서 60점만 받으면 합격으로 쉬운 시험이라 생각할 수 있다. 실제 한 해에 합격자도 2만 명 이상으로 많은 수가 합격한다. 그래서 비교적 가볍게 준비하는 경우가 많다. 하지만 과목 수와 범위가 넓어 합격률은 아주 높지 않다. 평균 20~30% 정도며, 동차 합격률은 7~10% 정도로 결코 만만한 시험은 아니다.

10월의 붕괴, 하루아침에 무너진 8개월의 농사

나는 3월부터 공부를 시작했다. 나도 인터넷 강의를 통해서 공부했는데, 유명한 학원인 에듀윌, 박문각, 해커스는 신청하지 않았고, 비용 절감과 8개월 만에 끝내겠다는 각오로 책만 사면 카페에서 인터넷 강의를 무료로 들을 수 있는 '공인모'를 선택했다. 3월은 아직 시작단계다. 여기서 보통 기본서로 공부하는 데 1,000

페이지가 넘는 두꺼운 책 6권으로 공부했다.

첫 달은 개념 이해를 위해 1.5배속으로 인터넷 강의만 하루 종일 들었다. 초반이라 복습도 조금씩하고 인터넷 강의도 들으니 공부하는 느낌이 들었다. 게다가 1차 과목인 민법과 부동산학개론을 중심으로 들었기에 과목 수에 대한 부담도 없어 훨씬 수월하게 공부할 수 있었다. 그런데 인터넷 강의만 계속 들으니 슬슬 지겨워지기 시작했고, 혼자 정해둔 분량을 3일 동안 다 듣고 4일을 내리 쉬는 시험에서 떨어지는 전형적인 모습을 보였다.

시간이 지날수록 더욱 정신을 못 차리고 진천에 사는 친구 집에 놀러 갔다가 코로나에 걸려 3주를 날려 먹기도 하고, 부산에 바다를 보러 다녀오는 등 수험생이라는 모습은 눈곱만큼도 찾아볼 수 없었다. 가끔 다시 정신 차리고 공부해야지 하면서 자리에 앉았지만, 공부는 전혀 하지 못했다. 그것은 공부하는 습관도 잡혀 있지 않으며 계속 첫 단원만 공부하는 것을 반복하다 보니 흥미를 잃어버렸다.

그렇게 7월이 찾아왔다. 이제는 4개월밖에 남지 않아 더 이상 공부를 미룬다면 1년이라는 시간을 버리게 된다. 극단의 조치가 필요했다. 그래서 바로 스터디 카페를 끊고 핸드폰 사용을 제한하는 앱까지 깔아가며 본격적으로 공부하기 시작했다. 아침부터 밤까지 공부하는 습관 만들기부터 시작했고 그렇게 9월까지 공부를 이어 나간다.

9월 중순에 있던 추석이 지나고 갑자기 머리에 편두통이 슬며시 눈을 뜨기 시작했다. 이것은 코딩 공부할 때 느꼈던 것의 전초전이었다. 그래서 바로 병원을 갔고 예방약과 진통제를 받아왔다. 하지만 공부하면 할수록 편두통은 심해졌고 진통제를 먹었지만, 약 효과가 없었는지 집중할 수 있는 시간은 계속 줄어들었다. 더욱 고통이 심해져 진통제 먹는 빈도를 늘리고 타이레놀까지 더해 양도 늘렸지만, 소용이 없었다. 10월에 시험인데 가장 중요한 시기인 10월에 결국 뻗어버렸다.

정말 스트레스를 많이 받았다. 비록 공부를 안 했지만 8개월이라는 시간에 걸친 농사가 하루아침에 날아가 버리게 생겼으니, 그래도 1차만 칠까? 매일 고민 속에 애간장을 태우며 시간을 보냈다. 시험 일주일 전에는 떨어지더라도 시험을 쳐야 했기에 시험을 칠 수 있는 상태로 끌어올리는 것이 가장 급선무였다. 그래서 1주일은 공부도 최대한 공부를 쉬며 250분을 버텨 시험을 칠 수 있는 연습만 진행하였다.

끝까지 치자, 어차피 온 거니까

그렇게 대망의 시험 날이 되었다. 청심환에 진통제와 타이레놀을 다 먹고 비상용까지 챙겨 집에서 출발했다. 시험장으로 가는 길에 속으로 딱 60점도 좋으니까, 합격만 했으면 좋겠다고 기도했다. 일주일간 컨디션 조절을 한 덕분인지 시험 날은 컨디션이 좋았다. 아마 10월 중 가장 좋았던 날이었다. 그래서 1교시 1차 시험인 민법과 부동산학개론을 100분간 별 탈 없이 칠 수 있었다.

1차 시험이 끝나고 2차 시험 전 까지 1시간 정도 점심시간이 주어지는데 벌써 학원마다 답이 나왔는지 점심을 먹으며 시험지를 채점하는 사람들이 많았다. 그리고 통과하지 못한 사람들은 갑자기 교실을 떠나기 시작했다. 나도 채점을 해보고 싶었지만 2차 시험에 영향을 미칠까 봐 채점하지 않았다. 곧 시간이 되어 2교시 2차 과목인 중개사법과 공법 시험을 시작했다.

중개사법을 먼저 풀었는데, 문제가 쉬워 너무 잘 풀렸었다. 모르는 게 거의 3~4개밖에 되지 않았으니 말이다. 그래서 속으로 합격이라 하면서 공법에 들어갔다. 설레발치면 안 된다고 공법은 내가 아는 문제가 하나도 없었다. 심지어 찍더라도 틀린 보기를 거른 후 찍어야 하는데 내가 공부한 내용이 하나도 없어서 거르지도 못하고 그냥 찍었다. 그렇게 2교시가 끝났다. 3교시가 남았음에도 불구하고 2교시가 끝나자마자 대부분의 사람이 퇴장했다.

공인중개사 시험, 한 문제의 기적

나 또한 공법이 과락일 거라 확신했었기에 3교시 공시 세법을 치지 않고 가버릴지 생각했다. 하지만 이왕 치러 온 거 끝까지 쳐보자며 3교시까지 마무리했다. 3교시도 내겐 어려워서 이번은 어렵겠다고 생각했다. 그때 많은 고민이 스쳐 지나갔다. 이것을 한 번 더 해야 할지 아니면 포기하고 그냥 다른 길로 돌려야 할지 집으로 돌아오는 길에 엄마에게 전화로 "엄마, 이

번은 어려울 것 같아. 내년을 노려야 할지도 몰라"라고
말했다.

그렇게 집으로 돌아왔다. 처음에는 채점하지 않으
려고 했으나, 그새 참지 못하고 1차만 매겨보기로 했
다. 1.25점 차이로 가까스로 1차를 합격했다. 1차를
합격하고 나니 2차를 매겨보고 싶어졌다. 그래서 쉽게
느낀 중개사법을 먼저 채점했는데 87.5점이 나왔다.
정말 놀란 마음에 공법만 과락이 나오지 않는다면 합
격이라며 채점했는데 47.5점이 나와 진짜 과락을 넘
겼다. 이것은 대박이었다. 마지막 합격이 걸린 공시 세
법을 채점했는데 47.5점으로 딱 평균 60점으로 합격
을 했다.

그렇게 어머니께 합격했다는 소식을 전하며 친구
들과 저녁을 먹으러 갔는데, 한 학원에서 공법 한 문제
답이 잘못 나왔다는 소식을 들었다. 그래서 한 문제 차
이로 총점 177.5점 평균 59.1점으로 불합격이 된 것이

다. 그때부터 정말 이 답이 맞는지 계속 확인하느라 그 날 잠을 자지 못했다. 이제 합격하는 방법은 이의신청 하나밖에 없었다. 그다음 날부터 이의신청 카페, 오픈 채팅방 등에 가입해 하나를 더 맞기 위해 필사적으로 자료를 찾으며 공유하기 시작했다. 정말 많은 사람들이 이의 신청을 위해 모였고, 소송까지 갈 기세로 논문 및 각종 자료를 찾으며 논리를 만들었다. 그렇게 모인 자료들을 첨부해 이의신청했다.

이 과정에서 수많은 학원에서 선생님들도 두 팔 걷어 도와주었다. 그리고 여러 문제가 있었지만, 모든 학원에서 공통으로 무조건 받아들여진다고 했던 딱 한 문제가 있었는데 그것이 바로 공시법의 6번 문제였다. 다행히(?)도 나는 그 문제를 틀렸고, 이의신청이 받아들여지기를 기다렸다. 결과는 1달 뒤인 시험 결과 발표날에 알 수 있다. 합격이 아니라면 받아들여지지 않은 것이고 합격이라면 이의신청이 인정된 것이다.

한 달 뒤인 11월 30일 드디어 합격 발표날이 다가
왔다. 정말 살이 떨리는 심정으로 홈페이지에서 합격
을 확인했는데 '합격'이라는 두 글자가 선명하게 적혀
있었다. 정말로 합격이었다. 이것은 정말 운이라고밖
에 할 수 없었다. 2차 문제 중에 받아들여진 것은 단
한 문제로 그것이 공시법의 6번이었다. 게다가 건강
문제로 공부도 제대로 하지 못해 솔직히 합격을 장담
하지 못했는데 합격했으니 나는 운이 정말 좋은 사람
이라 생각했다.

"전혀 평범하지 않아요"라는 한마디

내 인생을 실패가 아닌 작은 성공의 관점에서 보면
내 실력에 비해 운이 좋아 많이 성공했다. 지방대였지
만 뭘 원하는지 몰라도 가고 싶어 하는 전공을 선택해
진학했고, 말하기 연습을 위해 발표를 했지만, 발표한

수업들은 대체로 성적이 우수했다. 강연을 만드는 일을 하고 싶어 강연을 만드는 기업에서 우연히 일을 하였고, 서양 철학을 하고 싶어 교수님을 찾아갔는데 유명한 동양 철학 교수님을 만나 그 밑에서 배우며 인문 분야에서는 정말로 받기 어렵다는 장학금과 학비를 지원받았다.

비록 진학에 실패했지만, 교토대학교 교수님과도 연계되어 박사과정을 밑으로 들어와도 된다는 제안을 받았고, 국순당에서도 처음 하는 영업임에도 인턴 중 최고의 성과를 냈다. 코로나 시기에도 소상공인진흥공단, 코딩교육회사 등 합격하여 꾸준히 일을 했으며, 오픽, 유통관리사 심지어 공인중개사까지 합격했다. 이렇게 보면 지금까지 내 인생은 실패가 아니라 성공의 연속이며, 하는 것마다 행운이 따라 주었다.

누군가는 이 이야기를 들으면 잘난 척하는 거냐 아니면 그게 뭐 대단한 성공이냐 할지 모르겠다. 그런데 나는 지금에 와서야 저것들이 성공이었다는 사실을 알았다. 그전까지만 해도 남들과 비교하며 살았기에 내가 한 것들은 누구나 할 수 있고, 당연한 거라며 평범한 것이라 여겨 성공 축에도 끼지 못했다. 이것을 깨닫게 된 건 4월부터 진행한 책 쓰기 모임에서 내 삶의 여정을 얘기할 기회가 있었는데, 그때 한 선생님께서 이야기를 다 듣고 이렇게 말했다. "전혀 평범하지 않아요, 그런 경험은 누구나 쉽게 할 수 없어요. 정말 저희 같은 평범한 사람들이 들으면 잘났다고 생각할지도 모르겠어요."라고 했다.

그때 큰 충격을 받았다. 당황해서 얼굴이 빨개지고 화끈거렸다. 다행히 화상 미팅이었기에 그것이 드러나지 않았지만 정말로 정곡을 찌르는 말이었다. 그때 평범한 사람이 어떻게 살아가는지 보여주는 책을 쓰려고 '3, 4등급으로 살아가기'라는 제목으로 평범함을 강조하여 내용을 썼는데 내 삶은 하나도 평범하지 않고 거기다 잘난 이야기라고 하니 어찌할 줄 몰랐다. 이렇게 내 삶은 소소한 운과 성공 그리고 실패의 어우러짐 속에서 공인중개사라는 길까지 들어서 버렸다. 이제는 공인중개사로 사는 삶이 이어져야 하는데 내 인생은 계획대로 굴러간 적이 없다. 이번에는 공인중개사가 아닌 점포 개발이다.

12화. 점포개발자

12화. 점포개발자 - 인풋에 대하여

공인중개사에 합격하고 바로 취업하고 싶었다. 하지만 상업용부동산 자산관리회사로 가기에는 경력도 없고 전공도 다르고 뛰어난 스펙을 가진 것도 없었다. 그래서 처음에는 중개법인이나 중개사무소를 고민했다. 부동산 업계가 어떻게 돌아가는지 아주 살짝 엿본 적은 있지만 공인중개사를 따고 막상 내가 직접 들어가려고 하니 엄청난 현실이 기다리고 있었다.

기본급 없는 구조, 부동산의 냉정한 룰

부동산 분야에는 여러 직무와 직군이 있지만 '중개업' 부문만 살펴보면 대부분 기본급이 없다. 철저히 계약에 따른 비율제로 가져가는 구조이다. 주력 분야가 아파트, 상가, 토지, 원룸 등에 따라 다르지만 대부분 6:4에서 7:3이 기본이다. 가끔 기본급을 주는 경우가 있는데 이런 경우 매물 작업만 하거나 평균보다도 많이 낮은 비율을 가져가기에 계약을 아무리 많이 하더라도 돈을 벌기 어렵다. 심지어 이것도 처음 하는 경우 원룸에서 시작하지 않으면 계약을 쓰기 어렵다.

상가, 토지, 오피스 이런 곳은 특정 부동산이 맡고 있는 경우가 상당히 많고 경험과 시간이 필요한 분야라 이른 시일 안에 계약을 쓰기 더욱 쉽지 않다. 게다가 앞서 말한 원룸마저도 여성을 좀 더 우대하는 경향이 있어 나에게 더욱 불리했다. 그나마 내세울 수 있는 건 나이뿐이었다.

　그래도 여전히 리테일 분야에 관심이 많았기에 중개업소를 가더라도 상가로 가고 싶었고, 리테일 트렌드를 가장 빠르게 접할 수 있는 서울로 가고 싶었다. 돈을 벌기 위해서라도 그렇게 해야 한다고 믿었다. 그러나 공고를 찾으면 찾아볼수록 더욱 현실을 자각하게 되었고, 서울에서 몇 번의 면접을 봤지만, 기본급이 없다는 답변을 계속해서 받다 보니 더욱 현타가 찾아왔다. 서울에 와서 취업했는데 돈을 벌지 못하는 가운데 식비, 월세, 주유비, 주차비 등을 빚을 내서 감당하려고 하니 도저히 엄두를 낼 수가 없었다.

　면접이 끝나고 서울에 있는 친구를 만날 때마다 "야, 취업해도 연봉이 마이너스 2,000만 원이다."라며 하소연했었다. 그렇게 12월 말부터 해서 2월까지는 서류부터 면접까지 계속 탈락의 고비를 마셨다. 그렇게 취업 실패를 반복하던 중 꼭 중개업이나 LM(임대

차마케터)만을 고집해야 할 이유가 있을까 하며 생각을 전환하게 되었는데 그것이 바로 점포 개발이었다. 그래서 그때부터 점포 개발이 어떤 일을 하는지 찾아보기 시작했다. 조사해 보니 상권 조사부터 수익률 분석, 임대차계약, 가맹계약까지 내가 원하는 것을 배우기에 매우 적합한 직업이라 생각했다.

신입 점포개발, 운 좋게 기회를 잡다

그때부터 점포 개발 직무도 이력서를 내기 시작했다. 하지만 대부분 점포 개발 자체가 경력직만을 뽑다 보니 신입을 뽑는 곳은 거의 없다시피 하였다. 그러던 중 신입을 모집하는 곳을 발견하고 지원하였다. 운이 좋게 서류 합격을 한 후 면접을 준비하면서 최근 5년 치 기사부터 재무제표 그리고 브랜드 순위, 검색량, 사업계획서, 정보공개서, 인스타, 홈페이지, 자회사 등 그 회사와 관련된 각종 자료를 꼼꼼히 살펴보았다. 그 결과 면접에 합격했고 한 브랜드의 점포 개발 업무를 맡게 되었다.

33세라는 늦은 나이에 신입으로 입사했기에 엄청 나게 긴장했었다. 첫 주는 밥도 잘먹지 못했고 심지어 헛구역질까지 했다. 내가 입사한 곳의 점포 개발 부서 는 정밀한 상권분석보다는 부동산에 좀 더 치우친 점 포개발부였다. 매물 개발부터 시작해서 인허가, 인테 리어, 임대차 계약, 매매 계약, 권리 계약 등 상가에 관 련된 각종 협의와 분쟁이 될 만한 내용들을 다루고 해 결하는 업무가 가장 주된 업무였다.

나 또한 주된 업무를 진행하기 위해 입사하자마자 팀장님과 함께 다니며 매물 개발부터 배우기 시작했 다. 이때 또 내성적인 성격이 다시 발현했다. 모르는 부동산에 들어가서 매물을 받는 것부터 해서 좋은 위 치에 있는 상점에 들어가 직접 매물을 가져오는 일을 하려니 심장부터 두근거리기 시작했다. 게다가 코로나 기간 처음 만나는 사람을 대하는 경험도 거의 하지 못하였기에 낯설어져 더욱 힘들게 느껴졌다.

그렇게 점포 개발을 배우면서 한 달 정도 지났을까? 사무 업무가 나에게 갑자기 주어졌다. 아무래도 부서 자체가 전부 외근직이다 보니 내부 일을 맡아서 할 사람이 없었고 전부 외근 후 사무실에 복귀하여 일을 처리하는 일이 많다 보니 효율이 좀처럼 나지 않았다. 그때 내게 사무 업무를 줬다. 인허가, 서류 작성, 계약서 작성, 보고서 작성, 정보 검색 등 각종 업무가 나에게 갑자기 주어졌다. 당시 나는 뛰어난 OA 능력을 가진 것도 아니고 기본 정도만 사용할 줄 알았다. 그래도 주어진 업무에 최선을 다해서 하나하나씩 헤쳐 나갔다. 그렇게 하나둘씩 처리하다 보니 속도도 빨라지기 시작했다.

그렇게 일 처리 능력을 조금 인정받아 외근직의 효

율을 위해 관리직을 하지 않겠냐는 제안이 들어왔다. 나는 점포 개발을 하기 위해 입사했고, 차도 사서 왔는데 관리직을 하게 돼버리면 경력도 바뀌게 **되**는데 괜찮은 걸까 하며 엄청나게 고민한다. 그렇게 **고**민한 끝에 결국 관리직 업무를 받아들이게 되고 나는 새로운 경력을 시작하게 된다.

질문 PART 4.

[질문 06.] 환경 – 같은 나도, 다른 곳에선 다르게 된다

"어떤 환경은 나를 더 빛나게 만들고, 어떤 환경은
나를 자꾸 작게 만든다"

나는 미국 여행 중, 우연히 오픈 마이크 무대에 섰
던 적이 있다. 한국이었다면 절대 하지 않았을 일이었
다. 낯선 도시, 처음 보는 사람들, 아무도 나를 모른다는 해방감. 그 순간은 이상하게도 가벼웠고, 자유로웠다. 한두 마디 농담을 던지자 사람들이 웃었고, 그 반응에 나도 더 과감해졌다. 무대를 내려오면서 이런 생각이 들었다.

"나는 원래 이런 사람이었나?"

그런데 한국에 돌아오자 다시 조용해졌다. 말이 재밌다는 피드백을 들어도, "내가 어디 감히..." 하는 생각이 고개를 들었다. 그때 처음 느꼈다. 사람은 본질보다 환경에 더 많은 영향을 받는다. 우리는 흔히 이렇게 말한다.

"좋아하는 걸 하면 돼."
"잘하는 걸 하면서 살아."

그런데 그 '좋아함'과 '잘함'도 어떤 환경에 놓이느냐에 따라 전혀 다르게 작동한다. 예를 들어, 같은 아이디어로 창업을 한다고 해도 한국에서는 네이버가 성공하고, 미국에서는 구글이 성공한다. 같은 전자상거래도 미국에서는 아마존이, 한국에서는 쿠팡이 지배적이다. 구조, 인프라, 문화, 심지어 기대하는 '소비자 반응'까지 다르기 때문이다.

나도 비슷한 경험이 있다. 한 회사에서는 아이디어 회의 때 내 말이 늘 무시됐지만, 다른 회사에선 같은 방식의 발언에 박수가 터졌다. 그때 나는 알았다. 내가 바뀐 게 아니라, 환경이 바뀌었을 뿐이라는 걸. 그 이후 나는 자신에게 이런 질문을 던지기 시작했다.

"지금, 이 환경은, 나를 잘하게 만들고 있는가?"
"내가 못 하는 게 아니라, 지금 이 구조에서 나의 방식이 잘 작동하지 않는 건 아닐까?"

우리는 환경을 무시한 채, 자기 탓을 너무 많이 한다. 하지만 환경이 달라지면, 말수 적은 사람도 설득력이 생기고, 느린 사람이 오히려 정밀함으로 인정받기도 한다. 특히 좋아함이라는 감정은, 그 감정을 허용하는 분위기 안에서 더 자연스럽게 자란다. 내가 좋아하는 걸 부끄러워하지 않아도 되는 곳, 실패를 탓하지 않고 시도 자체를 존중하는 문화, 이런 환경은, 내가 나를 더 잘 믿게 만든다. 물론 모든 환경을 내 마음대로 선택할 수는 없다. 그래서 중요한 건 '완벽한 환경을 찾는 것'이 아니라, 지금의 환경을 '읽을 수 있는 감각'을 갖는 일이다.

"이 환경은 나를 위축되게 하는가, 확장되게 하는가?"

"이 환경은 나의 장점을 증폭시키는가, 흐리게 만

드는가?"

그렇게 묻기 시작하면, 우리는 자기만의 최적 조건을 찾아가기 시작한다. 그것이 집이든, 팀이든, 시간대든, 인간관계든. 어떤 환경은 나를 오해하게 만들고, 어떤 환경은 나를 새롭게 보게 한다. 그러니 이 말은 진짜다. 같은 나라도, 다른 곳에서는 전혀 다르게 빛날 수 있다.

* 나로 살기 위한, 여섯 번째 질문

1) 나는 언제 '나 자신이 이상하게 위축된다'라고 느끼는가? 그때의 환경은 어떤가?

2) 내 능력이나 감정이 더 잘 드러났던 장소나 상황은 무엇이었는가?

3) 지금 내가 속한 환경은, 내 좋아함이나 잘함을 뒷받침해 주고 있는가?

13화. 영업관리

13화. 영업관리 – 조연에 대하여

영업도 제대로 못 해본 것 같은데 왜 영업관리직을 맡은 걸까? 여러 이유가 있다. 먼저 도전이라는 것은 늘 내가 의도해서 일어나는 것은 아니다. 외부에 어떤 우연한 기회로 인해서 해보지 못한 것을 하는 경우가 많다. 우리가 의식한 것만을 도전이라 생각해서 그렇지 오히려 이러한 도전이 더 많을지 모른다. 나도 거창하고 발전적인 이유가 있을 것 같지만 위에서 내려온

지시였고 밥 먹고 살아야 했기에 받아들인 것이 가장
큰 이유였다.

사수 없이 시작한 업무, 어떻게 가능했을까

두 번째는 사람의 욕심은 끝이 없다고 꼭 갖지 못한
걸 갖고 싶어 한다. 매번 실패하지만, 꼭 습득하고 싶
은 영역이 몇 가지 있다. 그것은 바로 컴퓨터 능력, 영
어, 일본어 그리고 마지막으로 데이터 분석을 할 수 있
는 역량이다. 이것들은 아무래도 꾸준한 시간을 써야
하고 생각보다 진입장벽이 높다. 그래서 조금만 게을
러지면 금세 실력이 떨어지고 성장을 느낄 수 없다. 그
런데 영업관리직을 하면 아무래도 서류, 실적, 결산 등
사무 영역을 많이 다루다 보니 컴퓨터 능력과 데이터
분석 영역을 다룰 기회가 많아 좀 더 꾸준히 할 수 있
을 거로 생각했다.

마지막 세 번째는 성격과 상사의 배려 덕분이다. 나는 과거에 비해 내성적으로 변했으며, 자율성을 강하게 억압받는 것을 좋아하지 않았다. 그런데 회사 분위기 자체가 세상의 빠른 변화를 따라잡으려면 잠도 안 자고 일해야 하고 남들보다 더 뛰어다녀야 하며 또 회장님 1인 중심의 기업이다 보니 수직적인 구조로 자율성을 억압받는 문화였다. 그런데 운 좋게도 팀 내에서 혼자 관리직을 맡게 되다 보니 위에서 나에게는 강요보다는 자율성을 주었고 그 덕분에 자기 계발과 동시에 팀에서 필요한 일을 같이할 수 있었다. 이러한 이유로 영업관리직을 맡게 되었다.

그렇게 일을 하면서 처음 맡은 일이다 보니 아무래도 고충이 생기기 마련이다. 첫 번째 고충은 사수가 없었다. 모르는 것이 있어도 물어볼 곳이 없었고 혼자서 해결해야 했다. 그때 사수가 있었으면 하며 원망도 했지만 결국 스스로 해결해야 했기에 내 사수가 되어 준

건 바로 책과 컴퓨터였다. 책은 나와 같은 상황을 이해하고 필요한 것을 선별해서 모아둔 모음집 같은 역할로, 효율적으로 일을 접근할 수 있게 도와주었다. 컴퓨터는 책에서는 알 수 없는 내용이 나왔을 때 빠르게 그것을 찾아주는 역할을 해줬다. 이 두 가지 덕에 일을 시작하는 데는 문제가 없었다.

내가 기버(Giver)로 일하는 이유

하지만 문제는 바로 두 번째였다. 바로 피드백이 없다는 것이다. 사수가 없다 보니 빠진 것은 없는지 더 채워야 하는 부분은 없는지 또 잘못된 부분이 없는지 확인하고 방향성을 제시해 줄 사람이 없었다. 그래서 내가 하고 있는 일이 제대로 진행하고 있는지 파악을 할 수 없다. 게다가 성과가 제대로 나고 있는지 측정할 수 있는 지표 혹은 평가표가 없어 무엇이 더 나아지거나 개선이 되었는지 알 수 없었다. 첫 번째는 그나마 나름 해결할 수 있었지만 두 번째 문제는 생각보다 쉽지 않아 외부 전문가를 찾아가는 방향으로 생각 중이다.

이러한 고충이 있음에도 내 역할을 조금씩 해나가기 시작했고, 조금이지만 인정받을 수 있었다. 그런데 난 어떻게 처음 겪어 본 영업관리직 역할을 할 수 있었을까? 도대체 이렇게 할 수 있게 해준 동기가 무엇일까? 그것은 이타적 이기심에 기인한다.

나는 상대방이 기뻐하는 것에 큰 기쁨을 느끼는 편이다. 이것은 '나랑 대화 나눈 사람에게 한 번이라도 즐거움을 줄 수 있는 사람이 되자'라는 내 가치관에서도 잘 드러나며, 피드백이란 '그 사람을 더 그 사람답게 만드는 일이다.'고 생각하는 점에서도 알 수 있다. 심지어 MBTI마저도 타인의 감정과 욕구를 깊이 공감하며, 사람들을 독려하고 영감을 주는 능력이 뛰어난 능력을 지닌 'ENFJ(정의로운 수호자)'로 사랑하는 사람이 발전할 수 있도록 돕는 일에서 즐거움을 찾는 MBTI이다.

그렇다 보니 나는 앞장서서 이끄는 소위 '일인자'보다는 '이인자'로 정말 필요한 지원을 해줄 수 있는 사람이 되고 싶다. 애덤 그랜트 교수의 표현을 가져오자면 '기버(Giver)'로 임승현 작가의 표현에 따르면 '세컨드 펭귄'처럼 말이다. 두 번째는 과거 실패 속에서 얻은 태도이다. 나는 공부는 못했지만, 대학원에 잠깐이라도 있었다 보니 의심하고 원리를 파악하려는 습관 혹은 태도가 생겼다. 그래서 어떤 일이 발생했을 때 원리를 파악하려고 노력한다.

물론 기업에서 학자처럼 원리를 파고들었다가는 잘리기 마련이지만 왜 이렇게 되는지 그 원리를 알아내려는 태도는 같은 일을 또 맡았을 때 원리를 이해하고 있기에 훨씬 정확하고 빠르게 처리할 수 있었다. 다

행히 나를 버틸 수 있게 만든 두 가지 덕에 아주 부족

하지만 지금까지도 밥벌이하고 있다.

14화. 작가

14화. 작가 – 믿음에 대하여

영업직과는 다르게 사무직이다 보니 '9 to 6'가 보장되었다. 그래서 저녁이 있는 삶이 생겼다. 누가 여유가 생기면 생각이 많아진다고 했던가 나 또한 마찬가지였다. 나는 그 생각이 불안에서 기인하는 경우가 많았다. 예를 들면 '다음 단계로 넘어가기 위해서는 이대로 안주해서는 안 돼!'라며 다그친다. 아무도 말하지 않지만 혼자서 나를 더 성장시켜야 한다는 무언에 압

박한다. 대한민국 직장인이라면 충분히 누구나 가지고 있는 고민이다. 그래서 나도 이것저것 해보기 시작했다.

저녁이 있는 삶이 나에게 던진 질문

독서를 좋아하다 보니 그 습관을 잃지 않기 위해 유로 독서 모임 '트레바리'에 참가했었다. 현재 'F&B 분야'에 몸을 담고 있었기에 관련 분야인 '내궁의 F&B 기획과 트렌드 읽기'와 '성공의 맛' 신청했다. F&B 트렌드도 듣고 다양한 분야의 사람들을 만나는 기회를 생겨 당시는 좋았지만 계속 배우기만 하는 인풋(input) 활동만 하다 보니 실제로 이것이 나에게 정말 도움이 되고 있는지 알 수 없었다. 그래서 이제는 배우는 건 잠시 멈추고 24년부터 아웃풋(output)을 위해 활동을 하기로 했다.

무엇을 하면 좋을까 하고 고민하던 중 첫 시작으로 '글쓰기'를 선택했다. 그 이유는 글쓰기가 내가 지금까지 생각한 것을 정립하고 정리하기에 글쓰기가 가장 빠르게 아웃풋을 뽑아낼 수 있을 것 같았다. 물론 유튜브, 라디오, SNS, 프로젝트와 같은 방식들도 아웃풋을 내기가 굉장히 좋은 방법이지만, 내가 지금까지 어렴풋이 가지고 있던 생각들을 제대로 털어내고 다른 것을 시작하고 싶었다. 그래서 실행에 바로 옮길 수 있게 시작한 것이 박요철 선생님이 운영하는 '책 쓰기 부트캠프'였다.

그런데 혼자서 쓰면 되지 왜 프로그램에 참여해 글을 쓰는지 물어본다면 나는 혼자서는 쓰기 어려웠기에 선생님을 찾아갔다고 대답할 것이다. 아프면 의사 선생님을 찾아가듯 제대로 된 선생님에게 배우면서 쓴다면 훨씬 빠르게 아웃풋을 낼 수 있다. 그렇기에 글쓰기로 평생을 살아온 박요철 선생님 프로그램에 참여하여 글을 쓰기로 했다.

내 인생을 써보려다, 나를 다시 만났다

'책 쓰기 부트캠프'는 매주 화상회의로 만나 자신이 쓰고 싶은 책의 제목과 목차를 정하고 한 페이지 정도 분량의 글을 써서 피드백을 받는 방식으로 진행했다. 가벼운 마음으로 시작을 한 거지만 아무래도 '책 쓰기' 가 전제된 글쓰기다 보니 힘이 들어갔다. 목차부터 난관에 부딪혔다. 정보를 전달하는 글을 쓰기에는 전문성이 부족했고, 내 삶을 넣어서 적기에는 스토리가 부족했고 했다.

그래도 내 삶의 첫 페이지를 털어내겠다는 목적이 있었기에 경험했던 것을 바탕으로 책을 쓰기로 했다. 먼저 목차는 내 생각의 전환점이 된 사건들을 나열하고 제목을 붙여 목차를 구성했다. 이 내용을 2주 차 수업 때 발표했다. 생각보다 이야기가 재미있고 다이내믹 하다는 평가를 받았다. '그래 이거다!'하고 신나는 마음으로 서문도 작성하고 목차도 더 수정해서 두 번째 발표했는데 평가는 처참했다.

"어떤 메시지를 전달하려고 하는지 모르겠다" 부트해서 "제목은 평범하다고 했는데 삶은 전혀 그렇지 않다", "3, 4등급이라고 한 집단을 규정하는 것은 거기에 속하지 않는 독자들이 다르게 해석할 가능성이 높아 좋지 않은 것 같다", "서문에 굳이 부모님 이야기가 나올 필요가 없는 것 같다" 등 피드백 폭격을 받았다. 스스로 글을 적으며 고민했던 내용이었고, 알고도 있었지만 직접 들으니, 마음이 뜨끔하기도 부끄럽기도 했다. 대면 수업이었다면 눈물이 찔끔 났을지도 모르겠다. 피드백을 받은 후 글을 계속 썼지만, 제목과 목차가 정해져 있으니 그 굴레를 벗어나기가 어려웠다. 그래서 나는 과감히 다 지워버리고 전부 다시 쓰기로 했다. 그리고 이 상태로는 책을 완성하기 어렵다는 걸 알았기에 브런치에 '나를 분석해 보기로 했다'라는 제목으로 글로 앞서 살아온 내 삶을 정리하는 방식으로 바꿨다. 그 뒤 두 번 정도 긍정적인 피드백을 더 받고 부트캠프는 종료되었다.

수업이 끝나고 2주 정도 지났을 무렵 박요철 대표님께서 부트캠프에 참여한 사람들과 내용을 가지고 책을 한 권 써보는 것은 어떻겠냐고 제안이 왔었다. 처음 제안은 다른 분들과 함께 쓰는 것이라 마음 편히 그렇게 하겠다고 대답했다. 하지만 나머지 분들에게 의사를 물어보니 일이 바빠서 혹은 흥미가 없었는지 나를 제외하고는 전부 쓰지 않기로 했다. 그러면 그렇게 책을 못 쓰는구나 하며 지나갔을 일이었지만, 운 좋게도 대표님이 둘이서 공동 저자로 써보지 않겠냐고 추가 제안을 주셨다. 그래서 나는 그렇게 하기로 했다.

처음부터 끝까지, 책을 써보는 경험

사실 혼자서 책을 쓴다고 하면 쉬운 일이 아니다. 그런데 지금까지 여러 권의 책을 써왔고, 편집도 해온 분이며 심지어 출판사 대표로 일을 하고 계신 분 함께 쓰는 것은 나에게는 엄청난 기회이자 행운이다. 흔히 게임에서 말하는 '버스'를 탄 격이다. 그리고 책을 쓰고 싶었던 가장 큰 동기는 이왕 시작한 거 눈으로 볼 수 있는 아웃풋을 한번 내보고 싶었다.

직장을 다니며 야근하며 글을 쓰고 공부하는 일은 쉽지 않겠지만, 어려운 만큼 처음부터 끝까지 책을 출간하는 경험은 나에게 큰 자산이 될 것이라 확신한다. 그리고 책이 어떻게 만들어지고 마케팅이 되고, 또 판매로 이어지는지, 대표님에게 물어보면서 출판업계 흐름도 같이 공부할 생각이다. 최고의 환경이 갖추어져 있는데 내가 단순히 책을 쓰기에는 부족하다는 이유로

도망치기에는 너무 아까운 기회이다. 그 결과 현재 예비작가로서 대표님과 일주일에 한 번씩 미팅하며 내가 살아온 삶을 주제로 토론하고 책에 넣을 내용과 메시지 등을 정하며 글을 적어 가고 있다.

15화. 즐거움을 주는 사람

15화. 즐거움을 주는 사람 – 꿈에 대하여

지금까지 직업 또는 직종을 통하며 내가 겪어 온 도전을 설명해 왔다. 어찌 보면 이 마지막 화를 말하기 위한 과정이었을 지도 모르겠다. 나도 어느덧 삼십 대 중반이 다가오면서 계속 도전하는 것이 힘에 부치기도 하고 옳은 일인지 고민이었다. 그래서 그 고민을 털어내기 위해 글을 쓰기 시작했고 어느 정도 가닥을 잡은

듯하다.

삼십대 중반, 다시 '처음의 나'를 꺼내 본다

내가 했던 첫 고민은 이것은 무엇을 위한 도전인가이다. 내가 살면서 가슴속에 품고 있는 꿈 하나가 있다. 그것은 '남을 한 번이라도 즐겁게 해주고 또 보고 싶은 사람이 되자'라는 것이다. 여태껏 해온 도전 그리고 앞으로 할 도전도 전부 이 꿈을 이루기 위해 달려가는 과정이라고 할 수 있다.

두 번째 고민은 남을 즐겁게 해주는 것이 대체 무엇이고 어떻게 하겠다는 건가? 즐겁게 해준다는 말은 듣기에는 직관적이라 이해가 된다. 하지만 무엇이 즐거운 것인지 묻는다면 한마디로 정의하기 어렵다. 그래서 나는 '기분을 좋게 해주면서 그것이 어떤 행동에 동기가 되는 것'을 즐거운 일로 정의했다. 그러므로 이

것을 제품이든 서비스든 전달하는 사람이 되고자 한
다.

세 번째 고민은 어떻게 이 꿈을 실현하는가이다.
제품이나 서비스를 내가 직접 만들어서 전달 한다면
가장 좋겠지만 나에게는 물건을 만들 재능도 좋은 서
비스를 제공할 만한 전문성도 없다. 그러면 나는 어떻
게 이 꿈을 향해 가야 할까? 그 방향을 찾기 위해 시작
한 것은 '할 수 있는 것'과 '잘하는 것' 그리고 '좋아하
는 것'을 적어 보는 것이었다.

**좋아하는 일을 하기보다, 좋아하게 된 나를 찾았
다**

먼저 좋아하는 것부터 나열해 봤다. 단순히 단어들
로 나열하려고 하니 너무 많기도 하고 기준이 없어 적
기 쉽지 않았다. 그래서 나는 단순히 단어로 적는 것이

아니라 동사가 들어간 문장으로 적어보기로 했다. 방식을 이렇게 바꿔도 여전히 여러 개가 있었지만, 좀 더 명확히 적을 수 있었다. 내가 좋아하는 것 두 개만 뽑자면 하나는 내가 계획한 순서대로 일을 진행해서 결과가 나오는 것과 내 행동이 상대방에게 도움이 혹은 기쁨이 되는 걸 좋아한다. 한 단어로 정의하면 이기적 이타심이다.

그렇다면 이번에는 내가 할 수 있는 것은 무엇인가? 할 수 있는 것도 정의 내리기가 쉽지 않았다. 그래서 다음과 같이 '내 꿈을 이행하는 데 수단으로 쓸 수 있는 것'으로 정의했다. 그렇게 하니 나오는 것이 말하기와 글쓰기였다. 그 이유는 내가 신체적 능력이나 특별한 기술을 활용하여 꿈을 이행하기에는 벅차고 결국 언어로써 전달하는 것이 내가 할 수 있는 것이다. 마지막으로 내가 잘하는 것인데 잘하는 것을 단순히 생각만으로 판단하기는 어렵다. 잘한다는 것 자체가 비교

대상이 있어야 하고 스스로 파악하기 위해서는 정확하
진 않지만 최소한의 측정 기준이 있어야 한다. 그래서
주변의 자주 칭찬해 주었던 평가와 시간 대비 성과가
잘 나오는 것을 기준으로 하였다.

그 결과 내가 잘하는 것은 다른 사람에게 이해하기
쉽도록 정보를 찾고 정리하여 순서에 맞춰 말로 전달
하는 것과 분위기에 따라 무거운 내용을 가볍게 또는
가벼운 내용을 무겁게 밸런스에 맞춰 전달하는 능력
이다. 이런 강점이 생긴 이유는 내 말투와 어조 그리고
말하는 속도가 집중하게 만드는 장점이 있고 호기심
많아 정보를 수집하고 정리해서 모아두려는 습관 덕분
에 만들어진 것이다.

이것이 내 인생의 첫 초안이다

정리하면 나는 남에게 도움이 될 만한 일을 계획하

여 쉽게 이해할 수 있는 말이나 글을 통해 남에게 기쁨을 주고 행동하는데 동기부여를 만들어 줄 수 있는 사람이 되도록 도전하는 것이다. 여기서 '말'과 '글'을 단순하게 단어 그대로 받아들여 한 가지 뜻으로 오해할 수 있는데 '코딩', '디자인',' 컨설팅', '마케팅', '음악', '그림' 등 '언어'를 통해 표현할 수 있는 모든 것을 말하며 중복이 될 수도 있다.

　무엇을 선택할지는 내가 속해 있는 환경과 경험 속에서 결정할 것이다. 이렇게 정리해 봤지만, 불안한 것이 완전히 사라졌다면 그것은 거짓말이다. 그래도 앞으로 도전에 대한 최소한의 방향성은 잡힌 것 같다. 이렇게 15개의 도전으로 내 인생의 일부를 주저리주저리 떠들어 봤다. 이번 책은 첫 단계에서 조금씩 성장해가는 이야기로 구성했다면 언제가 될지 모르겠지만 다음 책에서는 도전에 결실을 보는 성숙기에 관한 내용을 세세하고 구체적으로 담아보려고 한다.

질문 PART 5.

[질문 07.] 동기와 자기개념 - 나는 왜 이걸 계속하게 되는가

"그걸 왜 그렇게까지 해?"

예전 회사에서 누군가 내게 물었다. 퇴근 후 혼자 남아 콘텐츠를 정리하고, 기획안을 다듬고, 유튜브 알고리즘까지 분석하던 내 모습을 보며 던진 말이었다. 그땐 그 말이 낯설지 않았다. 나도 궁금했기 때문이다.

"나는 왜 이걸 계속하고 있지?"

- 칭찬을 받아서?

- 성과가 나서?

- 좋아해서?

어느 것도 딱 들어맞지 않았다. 그냥... 안 하면 허전하고, 하고 나면 뿌듯했다. 결과가 안 나와도 계속하게 되는, 그런 감각. 나중에야 알게 됐다. 그건 동기였다. 우리는 동기를 보통 '성공하고 싶은 마음', '돈을 벌고 싶은 욕망'으로만 생각한다. 하지만 실제로는 훨씬 더 복잡하고, 더 미묘하다. 어떤 동기는 외부에서 온다.

- 상사의 칭찬

- 시험의 점수

- '좋아요' 숫자

이런 건 외적 동기다. 반면, 어떤 동기는 삶의 목적이나 의미를 통해 나타난다.

- 사람들을 웃기고 싶어 개그를 하는 것
- 내 꿈을 찾고자 도전하는 것
- 변호사가 되고자 하는 목표로 열심히 공부하는 것

이건 삶의 목적이나 의미와 연결된 자기 목적 동기다. 그리고 마지막은 무조건적인 사랑처럼 그 자체인

'내적 동기'
"그냥 하는 거요."

누가 물어봐도 설명하지 못하는 동기. 하고 나면 기분 좋고, 안 하면 어딘가 허전한 그것. 그것이 진짜 '내 것'이다. 예를 들어, 나는 혼자 카페에 앉아 생각을 정리하는 시간을 꾸준히 가진다. 누가 시킨 것도 아니고, 그걸로 누가 인정해 주는 것도 아니다. 그런데 그 시간이 없으면 내 하루가 어딘가 휘청거린다. 이런 건 누가 "그걸 왜 해?"라고 물으면 답하기 어렵다. 하지만 내 마음은 알고 있다.

"이게 나를 지탱해 주는 방식이라는 걸."

우리는 생각보다 많은 것들을 자기 목적 동기에 의해 하고 있다. 이 동기는, 우리 안에 있는 어떤 자기개념과 연결되어 있다. 자기개념은

– "나는 어떤 사람이다"라는 믿음이다.

- "나는 이야기를 잘 듣는 사람이야."

- "나는 한번 시작하면 끝까지 가보는 사람이야."

- "나는 혼자 있는 시간이 꼭 필요한 사람이야."

이런 문장들은 단순한 성격이 아니라, 나를 움직이게 하는 기준이자 연료가 된다. 그리고 중요한 건, 이 자기개념은 경험을 통해 계속해서 만들어지고, 수정된다는 것이다. 내가 뭔가를 좋아하게 된 이유, 잘하게 된 이유, 그만두지 못하는 이유, 그 모든 것들이 결국 하나의 방향으로 수렴된다.

"나는 이런 사람이다."

우리는 종종 그 말을 너무 늦게 하거나, 너무 빨리 확정 지으려 한다. 하지만 이 말은 '정답'이 아니라 '형성 중인 문장'이다. 그러니 자신에게 이렇게 물어보자.

"나는 어떤 감정을 반복하고 있는가?"

"나는 어떤 활동을 말없이 계속하고 있는가?"

"나는 어떤 사람이라는 믿음으로, 오늘도 이걸 하고 있는가?"

거기에 당신의 동기가, 그리고 당신이라는 사람의 진심이 숨어 있을지도 모른다. 어떤 날엔 그게 너무 흐릿해져서 내가 뭘 하고 있는지도 헷갈릴 때가 있다. 그럴 땐, 그냥 이렇게 스스로에게 말해도 된다.

"나는 아직도 이걸 하고 있어"

그 한 문장이, 당신이 어떤 사람인지 말해주는 증거가 될 수도 있다.

사실 우리는 생각보다 많은 것들을 이런 동기들에 의해 하고 있다. 그 중 '자기목적동기'는 우리 안에 있는 어떤 자기개념과 깊이 연결되어 있다. 자기개념은 '개인이 현실과 자신에 대해 지각하는 주관적 이해 혹은 개념'이다. 쉽게 말해, "나는 어떤 사람이다"라는 나에 대한 내적 정의다.

이 자기개념은 갑자기 생기는 것이 아니다. 개인의 경험, 반복된 행동, 그리고 외부 피드백을 통해 형성되고, 수정되며, 강화된다. 이렇게 만들어진 자기개념이 반복적으로 실현되면, 그것이 하나의 신념이 되고, 그 신념은 나를 움직이는 자기목적 동기가 된다.

자기계발서에서 흔히 말하는 '작은 성공을 반복하라'는 조언도 사실은 자기개념 형성 과정에 관한 이야기다. 작은 성공이 쌓이면, "나는 할 수 있는 사람이다", "나는 꾸준히 해내는 사람이다"라는 믿음이 생기고, 그 믿음이 자기 목적 동기를 자극한다.

하지만 나를 움직이게 하는 건 그뿐만이 아니다. 개인적으로 가장 오래 나를 이끌었던 힘은 바로 내적 동기였다. 내적동기란, 행동 그 자체가 목적이 되는 동기를 뜻한다. 보상이나 인정을 위해서가 아니라, 단지 그 행위 자체에서 오는 만족감 때문에 하게 되는 것. 그래서 이런 활동은 습관으로 만들려고 애쓰지 않아도, 자연스럽게 습관처럼 내 삶에 녹아든다.

결국 어떤 일이든, 장기적으로 잘하려면 지속성이 필요한데, 그 지속성을 가능하게 해줬던 건 외부 보상보다 자기 목적 동기와 내적동기의 결합이다.

그래서 이렇게도 정리할 수 있다. 자기개념은 "나는 어떤 사람이다"라는 믿음을 만든다. 이 믿음은 동기를 자극하고, 반복된 경험 속에서 자기 목적 동기로 이어지며 이것은 도전하게 하는 재료가 되고 내적동기로 만들어진 나의 습관들과 어우러져 노력하지 않아도 지속되는 힘을 갖게 된다. 이 모든 흐름을 통해 알 수 있다. 우리가 좋아하는 걸 오래도록 잘하게 되는 진짜 이유는, 단지 '재능'이나 '취향'이 아니라, 스스로에 대한 믿음과 감정의 구조에 있다.

* 나로 살기 위한, 일곱 번째 질문

1) 나는 요즘 '설명 없이' 계속하고 있는 일은 무엇인가?

2) 내가 포기하지 못하는 활동은 어떤 자기개념(믿음)과 연결되어 있는가?

3) 남이 시키지 않아도 스스로 하게 되는 것에는 어떤 동기가 숨겨져 있을까?

에필로그

에필로그

이 책을 통해 내 삶의 한 챕터를 정리해보니 기분이 묘하다. 가벼우면서도 무거운 이 감정을 마지막 페이지에 담아본다.

책을 읽으며 알았겠지만, 내 삶은 남들이 말하는 '일관성 있는 커리어'와는 거리가 멀다. 전문성도 애매하다. 처음에는 목표가 확실한 사람들을 부러워했다. 그들을 따라가려 했지만 잘 되지 않았고, 나 자신을 많이 탓했다. 그래서 그들을 따라가는 것을 포기했다. 대신 '나다운 길'을 걷기로 했다.

다양성도 전문성이 될 수 있다는 것, 그리고 나와 같은 고민을 하는 이들이 절대 혼자가 아니라는 것을 말하고 싶었다.

나다운 길을 걷는 다섯 가지 방법

말은 거창하지만 내 고집일 수도 있다. 그래도 혹시 도움이 될까 봐 적어본다.

1. '진정한 자기다움'에 대한 집착 버리기

진정한 나를 찾는 것을 포기했다. 대신 현재의 나에 집중했다. 그 순간순간이 모두 진정한 나라고 받아들였다. 그때의 감정과 기억, 맥락에 집중했다.

2. 나만의 정의 갖기

사전에서 전문성은 '어떤 분야에 대한 깊이 있는 지식과 탁월한 능력'이다. 이 정의로는 나에게 전문성이 없다. 하지만 나는 전문성을 '다양한 경험과 지식을 결합해 가치를 만드는 능력'으로 정의했다. 이 정의에서 나는 분명 전문성을 키워나가고 있다.

3. 경험의 자기화

컵을 만 번 만져도 컵을 아는 게 아니다. 엑셀을 만 시간 해도 저절로 고수가 되지 않는다. 중요한 건 그것을 이리저리 뜯어보고, 위에서도 아래에서도 보며 재해석하는 과정이다. 경험하고, 복기하고, 생각하고, 다시 경험할 때 비로소 내 것이 된다.

4. 너무 큰 실패하지 말기

다시 일어서기 힘든 실패는 피하자. 엄청난 실패를

딛고 일어서는 건 소수의 일이다. 내가 계속 도전할 수 있었던 건 저축해둔 돈과 나를 믿어주는 사람들 덕분이다. 안정감이 오히려 더 큰 도전의 용기를 준다.

5. 다시 할 수 있는 환경 만들기

나다움의 과정은 '포기와 다시 하기'의 반복이다. 의지만으론 한계가 있다. 에너지를 적게 쓰고도 다시 움직일 수 있는 습관을 만들자. 그리고 혼자 다 하려 하지 말자. 힘들 땐 과감히 도움을 구하고, 환경을 바꿔보자. 실패와 포기가 덜 두려워진다.

이 다섯 가지가 현재 내가 찾은 '나다운 길을 걷는 방법'이다. 시간이 흘러 변할 수도 있다. 하지만 지금은 이 길이 맞다고 믿으며 오늘도 달린다.

당신도, 나도, 우리 모두 화이팅이다.